心理学で何がわかるか【目次】

本文イラスト＝真下弘孝

はじめに

本書は心理学の教科書ではない。心理学のテーマは広いし、一通り内容を紹介するだけで、相当の分量になる。一冊の新書ではカバーしきれない。執筆するだけで、何年もかかってしまう。ただ、特定のテーマに絞れば、個人で切り込むことは可能だ。七つのテーマを選んで、心理学で何が分かっているのか、執筆することにした。

・兄は兄らしい性格、妹は妹らしい性格になる。
・親の育児態度は性格や気質に永続的な影響を与える。
・乳幼児は他人の心を理解できない。
・自由意志は存在する。
・幽体離脱体験は本当だ。
・乳幼児は長期間、物事を記憶できない。
・記憶力は鍛えれば強くなる。

・女性の理想の相手は、自分をもっとも愛してくれる人である。
・トラウマは抑圧される。
・暴力的映像は暴力を助長する。
・うつ病の治療には薬物療法が効果的である。

まさか、こんな事は信じていないでしょうね。

心理学では、二〇～三〇年遅れの教科書や啓蒙書が主流なので、この種の事柄を真実だと思い込んでいる人が多いだろう。心理学ではよく「関係がある」、「影響がある」という仮説が立てられる。昔の研究を調べると、研究計画が不完全だし、統計分析もずさんである。綿密に精査すると、「関係がある」とか「影響がある」という仮説が否定されることがよくある。

どんなことでも信じる自由はある。結果だけを信じるのは信仰で、科学は一種の思考的態度である。どのようにして、その知識が得られたのか、そのプロセスに注目し、確認する必要がある。だから、オリジナルの文献から見直さないといけない。

ところが、いざ、書こうとすると、知らないことが多すぎた。悪い癖が出て、つい電子ジャーナルで調べまくった。所属は三流の国立大学だが、腐っても国立である。電子ジャーナル関係のインフラは整っている。論文を検索すると、いくらでもプリントできる。一章で八センチのファイルが一杯になった。七章だから七冊、単行本は別である。使った文献を並べると、幅が一メーター以上になる。全部、まじめに読むと身体を壊すので、なるべく読まないようにしたが、お陰で執筆に一年もかかった。

最近は、大規模な研究が目立つようだ。それも、ランダム化比較試験による実験研究や、数千人から数万人規模の調査研究である。欧米の研究を見ると、日本の心理学は、まだまだ勝負にならない。実証的研究は、相応の費用と労働を必要とする。文科系の学問は軽視されがちで、法人化以降、国立大学の財政は縮小の一途にある。そろそろ、方向転換して、国家的なテコ入れをすべきではないだろうか。

なお、末尾になるが、富山大学人間発達科学部佐藤徳准教授は、意識の実験的研究が専門なので、第4章の執筆時にはいろいろ教えていただいた。また、信州大学教育学部村上千恵子教授には、全草稿を吟味し、不明確な部分を指摘してもらい、第7章の執筆時に臨床心理学の新しい動向を教えていただいた。筑摩書房ちくま新書編集部の伊藤大五郎さんには、新書の執筆という素晴らしい仕事を与えていただいた。お陰で、苦しくても楽しい一年間を過ごすことができた。深く感謝することにしよう。

第１章
心理学とは

†なぜ心理学を選んだか

痩せた五〇過ぎの老《ふ》けた先生だった。顔が細くて、骨張っていて、皮膚が顔に張り付いているように見えた。先生はびっしりと詰まった研究室の書棚から大判の立派な本を取り出して、私の前に置いて開いた。

「国文学をやるのなら、これを読まないといけません」

先生の反応は予想しなかった。眼が点になってしまった。中世とか近世の国文学にはまったく興味がなかったからだ。草書体の文章がページ全体に流れるように写真印刷されていたが、文字は一つも判読できなかった。単に意味不明の模様が縦に流れているように見えた。最近の映画で言えば、「マトリックス」のディスプレイに流れる意味不明の文字列のようだった。

当時、私は富山大学文理学部の数学専攻に在籍していた。数学が得意という訳ではなかった。高校の時から漠然と理科系に所属していた。大学進学に当たって考えた。地学は地上の岩石から宇宙まで守備範囲が広く、茫漠としていた。生物学は細かな事を沢山記憶する必要があった。化学は化学反応とか分子式が複雑で、知識と論理の両方が必要だった。物理学は論理だけではなく、現象への直感的理解が必要だった。どれも自信がなかった。

数学は論理だけだった。自信はなかったが、何とかなるかも知れないと思った。消去法で数学を選んだ。

大学に入って一年くらいは、数学をまじめに勉強した。数学以外に、哲学、精神医学、世界史、文学の本も手当たり次第に読んだ。文学では夏目漱石やトーマス・マンに夢中になった。漱石についいては、評論や研究書にも眼を通した。学園紛争が全国に広がった時代だった。大学がロックアウトされ、講義がなくなっても、数学の難しい本を、数人の仲間と自主的に、証明しながら読んだ。同時に、山のような本を読み、下宿は本で埋まった。

学園紛争が収まり、授業が復活する時になると、このまま数学を専攻していく自信がなくなった。進む方向が間違っていたと感じた。数学の才能もなかった。思い切って専攻を国文学に変更しようと、相談に行った。すると、いきなり、意味不明の草書体を見せられた。これを解読するのが国文学らしい。宇宙人が書いた文字に見えた。

「やっぱり、止めます」

私は、逃げるようにして、退室した。国文学はダメだ。しかし、再び、数学に取り組む自信が蘇った訳ではない。では、どうするか。懸命に調べて、文科系の学問の内では理科系寄りの心理学を選んだ。これなら何とかなると感じた。

大学は正常化していたが、授業には出席しなかった。心理学に転向する決心をした。もう一度、入学試験を受ける自信はない。編入学を目指した。当時、心理学専攻がある大学では、同志社の学費が一番安かった。問い合わせてみると、大学に一年半在籍していれば受験資格はあるということだった。それで、半年間は、引きこもり、語学の勉強に集中した。心理学は入門書シリーズをすべて読み、専門的な講座本も読み始めていた。分厚い英語の心理学の概説書も読んだ。

当時、私は知らなかったが、編入試験の合格率は非常に低かった。学則ではいったん退学しないと受験できなかった。文理学部教授会は、在籍のままで受験を許可するという例外措置を特別に議決してくれた。後に聞くと所、どうせ不合格になるし、その時に戻ってくる所がなくなるから、可哀想だという理由だった。当時、同志社の方でも空き定員がなく、形式的に編入試験を実施していただけだった。ところが、さまざまな偶然が重なり、編入試験に合格してしまった。そして、人生が変わった。

†歪んだ心理学のイメージ

私の場合は特別だろう。専攻を心理学に変更する時には、入門書から専門書まで読破し、アメリカの分厚い概論書まで眼を通していた。編入試験に合格した時には、学部レベルの心理学の知識は保有していた。心理学がどのような学問であるか、確固たるイメージがあった。

ところが、最近の新入生を見ると、教育心理学の専攻生でも、フロイトやユングなどの精神分析が心理学だと思っていたり、スクール・カウンセラーになりたいという学生がいる。一々、誤解を正すのは面倒である。しかし、誤りを正す義務が若干あるので、たまには精神分析は過去の学問で、心理学ではありませんとか、スクール・カウンセラーはアルバイトで、職業には含まれませんとか、事実認識の誤りを簡単に指摘している。熱心に指導しても逆恨みされないとも限らない。どんな人生を歩むかは、個人の責任である。

中学や高校には、国語、数学、理科などの時間があって、教科書もある。だから、ほとんどの人は国語、数学、理科などがどんな学問であるか、ある程度は理解している。大学に入って、改めて、国語とは何か、数学とは何か、などと説明を受けることはない。

ところが、心理学は事情が違う。高校には心理学という授業科目がない。そのためか、心理学とはどういう学問であるかというイメージがない。あったとしても大抵は間違ったイメージである。マスコミ、書店などから得られる情報は、非常に偏っているからだ。

最近は、学校で陰惨な事件が起こり、子供が被害者になることがある。そのような時はテレビや新聞で派手に報道されてしまう。学校側は、その子供や周りの子供たちに、心のケアをするためにスクール・カウンセラーを増強しますなどと熱心に説明する。たぶん、一種のアリバイ工作、責任逃れだろう。その時に、脚光を浴びるのが臨床心理士である。その結果、臨床心理士は心理学者で、心理学者は心のケアをすると思い込んでしまうらしい。

書店で心理学の棚を見ると、例えば、血液型と性格、催眠術、神との対話、生き甲斐、幸せになる方法、誕生日の本、ストレスに立ち向かう、うつの本、自己実現、もてる男とは、スピリチュアルブック、頭が良くなる本、予言、発想法、瞑想、奇跡、帝王学、性格診断、セラピー、風水、占い、カウンセリング……と、実に様々な本が集められている。

残念ながら、大部分は心理学の本ではない。心理学の一部、カウンセリング関係が含まれてはいるが、応用的で、ハウツー的な普及書に留まっている。売れ行きの関係で、まじめな心理学の本は本棚の隅に押し込められている。さらに、専門的な心理学の本は、まじめな心理学の本は、統計学、応用数学、コンピュータ、教育工学、神経科学、認知科学、医学のカテゴリーにも、分類されている。したがって、書店の本の分類に基づいて、心理学のイメージを作れば、必然的に非常に歪んだものになってしまう。

ある教授と無駄話をしている時、心理学とはどういう学問かという話になった。その教授は「心を見つめる学問」だろうと言った。カウンセリング場面を思い浮かべ、相手の心をじっと見つめるのが心理学と思っているようだ。同じ学部の教授で、専門は心理学に近い生活科学であった。ちょっと信じられなかった。

心理学についての見解は、まったくの見当外れである。説明するのも面倒だから、その教授には私の新刊本『IQってホントは何なんだ?』(日経BP社、二〇〇七年)を、これが心理学ですと言ってプレゼントした。読んでもらえれば、教授の専門領域の思考方法に非常に近いことが分かってもらえるはずだ。

†心理学はサイエンス、では、サイエンスとは

心理学を簡単に定義すると、心の科学、あるいは、心のサイエンスである。これが私の立場である。しかし、私だけの立場ではない。大部分のアカデミックな心理学者は、心理学は科学であると考えている。もちろん、心理学は新しい学問であり、研究対象が人間の心という難物なので、科学には完全になりきれない部分もある。心理学を心の科学と定義するにしても、それだけでは、意味が分からない。つまり、心とは何か、サイエンスとは何か、という二つの事柄が理解できる必要がある。

心とは何か、という問いは難問である。だから当分の間、棚上げにしておこう。しかし、サイエンスとは何か、という問いはそれほど難しくない。サイエンスにも様々な考え方が存在するが、ある程度は説明可能である。

語源から説明しよう。英語のサイエンス(science)は、「知識」、「学問」、「科学」という意味である。science の語源は、ラテン語の scientia(知識)で、その起源はギリシャ語の skhizein(分割する)である。つまり、サイエンス(知識)は、分割という認識能力から生まれる。[1]

現象をいくつかに分割すると、数えられる。数えるとは、Aに一〇、Bに一五、……と、現象に数を割り当てることである。数を割り当てることは、実は、測定である。野球の背番号でも、クラスの番号でも、数の割り当てなのだから、心理学では測定と呼ぶ。もちろん、もっと高水準の測定もある。つまり、サイエンスの一つの特徴は、測定とか計量である。

数を数えると、少ないとか、沢山とか、という曖昧な表現ではなく、一〇とか一五とか、という量的な表現になる。つまり、測定すると、知識の正確な伝達が可能になる。もちろん、カテゴリー分けすることによって、質的なものが抜け落ちるが、それでも、利点はあまりある。それで、心理学では、ありとあらゆる事柄を数値化する。やる気、感情や思考なども、評価方法を工夫し、数字に置き換える。

サイエンスのもう一つの特徴は、検証可能性である。ある人の知識は別の人に伝達され、確認され、検証される必要がある。知識の正確な伝達があって初めて、他の人が検証することが可能になる。もし、検証不能であれば、それは知識ではない。なぜなら、知識＝サイエンスであるから。この時、数量化が威力を発揮する。数量化されてないと、研究自体が不可能になってしまう。

†哲学との決定的な違い

昔々、読んだ本に、ピアジェの『哲学の知恵と幻想』（みすず書房、一九七一年）がある。ピアジェ（一八九六～一九八〇）はスイスの著名な発達心理学者で、哲学に惹《ひ》かれつつも、実験的な事例研究法を用いて、子供の認知発達の研究を行った。ピアジェの認知の発達段階説は非常に有名で、心理学の教科書には必ず紹介されている。現在は品切が多いが、二〇～三〇年前には、ピアジェの主な著作が日本語に翻訳された。そのピアジェが自分の児童研究の方法論を明確に説明し、自分がなぜ哲学に向かわなかったかを論説した本である。

二〇世紀初め、フランスでは哲学が最高の認識と信じられていた。最初、ピアジェも哲学に没頭した。特に、ベルクソンの『創造的進化』は生物学にも情熱的に取り組んできたピアジェに衝撃を与えた。しかし、幸いにもピアジェはビネの実験室で知能検査の標準化に関係する仕事に携わり、子供の推論や論理形式の問題に取り組むことができた。そして、事実の尊重と認識論的研究が調和するという確信を持った。

哲学の伝統的方法は内的反省であった。内的反省は自分自身との討論や知識の吟味であり、結局、他人を説得する方法と同一である。しかし、内的反省の場合は、個人の知的・道徳的価値に影響されやすいし、得られた真理を検証する手段がない。ピアジェは形式的な推論領域でも内的反省を元に何らかの断定を行うのは、知的な不誠実さの現れではないかと感じていた。また、哲学の流れは、社会的変化や政治的変化によって、大きく影響される事実があった。このようにして、ピアジェは哲学の客観的で普遍的な価値を疑うようになった。哲学の本質的機能は、さまざまな価値の調整であり、それ以外の機能はないと確信するようになった。

アインシュタインは一九〇五年に特殊相対性理論を発表し、古典物理学で信じられていた時間と空間の概念を覆した。光速度を一定と仮定すると共に、ある慣性系で同時に起こった事柄は、別の慣性系では必ずしも同時にはならないという仮説を導入した。その結果、時間は相対的なものになり、空間関係も異なってくる。

一九一五年の一般相対性理論では、特殊相対性理論を遥かに超えて突き進み、重力場の概念が時空間の曲率と等価であることを示した。アインシュタインが推論の武器に用いたのは、非ユークリッド幾何学であり、特に、ガウスとリーマンの微分幾何学であった。当時、相対性理論は観測機器の誤差が大きすぎたので検証できなかったが、一九六〇年代から、原子時計の開発やレーダー技術の進歩と人工衛星によって、確認されるようになった。[2]

当時の哲学者にとっては、アインシュタインの相対性理論は古典的な絶対的自然の概念を覆すものであった。ピアジェの師である哲学者レイモンは、反駁の文書を準備したし、ベルクソンは『持続と同時性』という著作を刊行し、本格的な反駁を試みた。しかし、ベルクソンの武器は単なる内的反省だけであった。ちょうど、巨大な風車に槍で立ち向かったドン・キホーテのようにしか見えない。

ピアジェは、哲学的認識が科学的知識の細部を訂正できると考えるのは間違いである、という。哲学は反省という方法で問題を提起できるが、問題を解決することはできない。哲学には、数学や論理学のような推論の道具もない。また、哲学は、個々の事実を検証することもできない。結局、哲学の知恵は不確かな事実確認に基づく幻想にすぎないのではないか。科学は検証手段を持つという点で、決定的に哲学とは異なるのである。

†科学的方法の基本

ここでは複雑な科学論に踏み込まないが、科学とは何かを簡単に説明しておこう。クームスらの科学的研究の図式を図1・1に少し修正して示した。[3] この図式は単純で分かりやすく、しかも、本質的な問題が読みとれる。

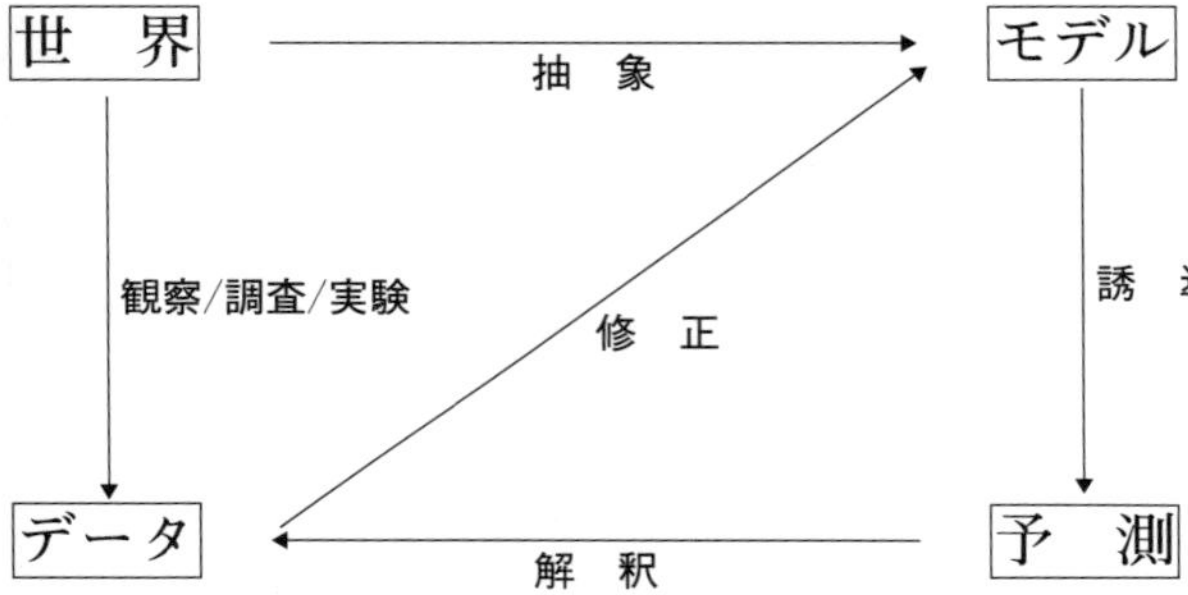

図１・１　科学的研究の図式

・**世界**とは我々の経験的世界である。「群盲象をなでる」のことわざ通り、我々は世界の一部を経験することはできるが、その全体を経験し、理解することはできない。経験的世界は個人には巨大、かつ、複雑すぎるので、直接取り扱うことはできない。

・**データ**とはこの世界から観察、調査、実験という操作を通じて収集したものである。組織的な手続きを経ないデータは単なるゴミにすぎない。

・**モデル**とは世界に対する我々の認識である。経験的世界を抽象化して組み立てた人工的な世界である。モデルは経験的世界から抽象化され、データによって修正される。

・モデルはデータを**予測**したり、解釈する機能がある。モデルは科学の本質的な説明原理である。仮説はモデルと不可分の関係があり、単なる思いつきから区別される。

現実の経験的世界に対して、モデルという抽象的世界が存在している。現実の経験的世界は一つかもしれないが、抽象化の違いや目的に応じてさまざまなモデルが構築可能である。研究者の価値観、研究方法によってもモデルは異なってくる。

モデルの世界は、一種のパラレル・ワールドである。現実の世界は一つしかないが、モデルの世界は無数にある。しかも、理科系の学問のように、モデルが数式で正確に表現されている訳ではない。モデルは一般的に日常的な言葉で表現されている。そのため、意味が曖昧で、日常的な意味と食い違うこともある。モデルは現実を抽象化した存在であり、心理学が難しいという印象は、このあたりから生まれる。

†観察

観察とは、現実の世界を見聞きすることによってデータを集める方法である。何の制約も与えない自然な状態で観察する場合は非統制的観察とか自然的観察と呼ぶ。一方、観察対象、観察場面、記録方法などを標準化し、一定の条件の元で観察する場合は統制的観察、観察対象に操作を加える場合は実験的観察と呼ぶ。また、観察者が観察対象から距離を置く場合は非参加（非参与）観察、観察者が観察対象と一体となる場合は参加（参与）観察と呼ぶ。

ある研究者が教室で生徒の行動を観察し、ある生徒は「落ち着きがない」問題児であると主張したとしよう。その生徒は他の生徒と比べてどの程度落ち着きがないのか、どんな客観的行動が見られるのか、他の研究者に客観的に根拠を示す必要がある。また、観察するという行為が観察される人の行動を左右する場合もある。知らない研究者が教室に現れた結果、生徒の落ち着きがなくなることもあり得る。

生徒の行動観察などでは、観察者は三名程度が必要である。単に「落ち着きがない」か否かを判断するのではなく、あらかじめ具体的な行動リストを用意しておき、その生徒が授業中に隣の生徒と何回しゃべったか、隣の生徒と何回身体接触をしたか、などと回数を数えて、落ち着きのなさの根拠とする。

三名が同時に観察するのは難しいので、ビデオ記録を元にして、三名が独立して観察して、行動評価の一致率などを計算することが多い。もちろん、二四時間連続して観察するのは不可能なので、時間サンプリング法といって、ある特定の時間帯だけを観察することになる。

観察の利点は、特別の設備が不要で、自然な状況でデータが収集できることである。ただ、生徒を授業中に観察するとか、児童を遊戯室で観察するという場合には、ビデオカメラ等の記録機器は必要である。

観察の欠点は、意外に手間がかかることである。一〇〇時間のビデオ映像を三名の観察者がチェックリストを使いながら、生徒の落ち着きのなさを評価することを考えてみよう。時々、ビデオを止めて見直す時間を含めると、一人当たり三〇〇時間かかるかもしれない。三名だと、延べ九〇〇時間になる。

また、観察には、確証バイアスという大きな問題がある。確証バイアスとは、ある考えや仮説を評価、もしくは、検証する場合に、仮説による予想、思い込み、信念などに一致した情報を、選択的に収集したり、他の情報よりも重要と見なしたりする、認知や推論の歪みのことである。観察は科学的方法の一つだが、観察結果は研究者の主観に左右されやすい。

†調査

調査とは、何らかの仮説に基づいて調査用紙を作成し、それを配布して体系的にデータ収集を行う方法である。一般的にはアンケートとも言われる。調査では観察のように研究者が観察対象に接近する必要はない。調査は現状把握のために行い、調査する変数の数も多い。また、データが大量に収集できるため、数量的で、客観的な統計的分析が可能になる。変数間の相関関係を分析する場合が多い。

調査にもさまざまな形態がある。面接調査では、調査員が調査対象者と接触し、質問文を読み上げながら回答を記録する。配票（留め置き）調査では、国勢調査のように、調査員が調査対象者を訪問し、一定の期間調査用紙を留め置いて回答してもらう。郵送調査では、調査票を郵便で調査対象者に届けて回答してもらい、郵便で返送させる。託送調査では、町内会など既存の組織を利用して調査票を配布して回収する。集合調査では、自治会の集会、会社、学校など、一定の場所に集まった人を対象とする。また、電話調査やインターネット調査もある。

面接調査や配票調査は、調査員を雇用するためにコストがかかる。その代わり、対象者が数千名でも回収率が一〇〇%に近い調査も可能である。郵送調査は、面接調査や配票調査ほどのコストはかからないが、かなり大規模な調査ができる。ただし、回収率が一／三～一／四と低くなる。

託送調査は、既存の組織に丸投げという方法なので、コストはかからないし、回収率も高い。上手くいけば、研究者にとって最上の方法である。しかし、丸投げされる組織にとっては、よほどの必然性がなければ、研究に協力はしない。

集合調査は、簡単なようだが、どんな人が集まるかによって結果が左右される。調査は簡単だが、良い結果を出すのは難しい。電話調査は至難の業である。短時間で聞ける簡単な事柄以外は調査できない。また、インターネット調査は、低コストで簡単に見えるが、被調査者がパソコンなどの操作ができ、ネットが得意な人に限られるので、結果を一般化して解釈できないという問題がある。

†実験

実験は、一般的には少数の変数に注目し、その変数を操作し、現実がどのように変化するかを観察する方法である。実験は調査とは異なり、因果関係の証明のために行う。調査では因果関係の証明が困難な場合が多いので、どうしても最終的には実験的方法が必要になる。

操作する少数の変数を独立変数、その変数の変動に影響されて変化する変数を従属変数と呼ぶ。方程式で書くと、$y = f(x)$ の場合、x が独立変数、y が従属変数である。

例えば、風邪薬の薬効を確認する実験を考えてみよう。この場合、風邪薬が独立変数で、与えるか、与えないかの二値をとる。従属変数が風邪の治癒日数で、独立変数に影響されて値が決まる。$y = f(x)$ は数学的には $x = f(y)$ と逆転できるが、治癒日数は操作できないので、独立変数にはできない。

実験的事例研究

ある患者に風邪薬を投与して、三日で風邪が治ったとしよう。これで薬効は証明できただろうか。薬効がないという批判もできる。

・一般的に風邪は一週間程度で自然治癒する。その患者が三日で治癒したのは、たまたま身体が丈夫だったからである。
・その患者は立派なお医者さんから薬をもらったので、薬の効果ではなく、暗示効果のために治ったのである。
・その人は特殊な患者だったかもしれない。風邪薬はたまたまその人に効いただけである。たった一名の患者のデータでは何も証明できない。

実験的な研究でも事例研究の場合は、エビデンス性が低い（根拠が弱い）。薬効の可能性は指摘できるが、証明としては不十分である。

実験群と統制群の導入

これらの批判を回避しつつ、薬効を確認するには次のような手続をとればよい。

1　風邪の患者を何十人か集める。
2　年齢、体力、性別、風邪の症状の程度が均等になるように二つの患者群に分ける。
3　一つの患者群に風邪薬を投与し、もう一つの患者群には偽の薬（プラシーボ）を投与する。
4　二つの患者群の風邪の治癒の程度を統計的に比較する。
5　風邪薬を投与した患者群で風邪の治癒の程度が良ければ薬効は証明できる。

風邪薬を投与した被験者群を実験群、比較のために用いた被験者群を統制群と呼ぶ。実験的研究で因果関係を証明するには実験群と統制群の治療成績を比較する手続きが不可欠である。

ランダム化

実験群、統制群と二つの患者群を使っても、年齢、体力、性別、風邪の程度に差があっては、治療成績の違いが薬効のためか、集団の質の違いか、分からない。すべての条件を完全に釣り合わせるのは困難なので、一般的には実験群と統制群に被験者を無作為に割り当てる。ランダム化によって、二つの集団の他の条件が等しいと仮定できる。

二重盲検法

先ほどの巧妙な実験手続きにも落とし穴がある。薬を渡す医者はどちらが本当の風邪薬かを知っているので、本当の薬を渡す時には〝この薬は効きます〟という表情が顔に現れてしまう。プラシーボを渡す時は患者に対して申し訳ないという感情が顔に現れてしまう。医者の表情を読みとった患者には薬効が判断できるので、暗示効果が働いてしまう。

そこで、研究者が担当の医者に、どちらが本当の薬か知らせずに渡して研究する方法が二重盲検法である。担当の医者も患者も本当の薬を知らない。二重に盲という意味である。実験群と統制群の治療成績に差があれば、やっと薬効が証明される。

†エビデンス・ベイスドの動き

最近、エビデンス・ベイスド・メディシン（EBM——根拠に基づく医療）が医学の領域でも主流になってきた。心理学と同様、医学の歴史も長いが、呪術から分離したのは、それほど遠い昔ではない。蓄積された知識の正しさにも疑問があった。

ＥＢＭの思想は、古くは一九世紀中頃のパリにさかのぼるが、一九七二年にアーチ・コクランが根拠に基づく医療を提案し、北アメリカやヨーロッパで健康管理の医療についての共同研究が始まった。一九九六年にカナダのディビッド・サケットがＥＢＭを次のように定義づけしてから、爆発的に世界中に広がった。

根拠に基づく医療（ＥＢＭ）とは、一人ひとりの患者の臨床判断にあたって、現近の最良の証拠を、一貫性をもった、明示的かつ妥当性のある用い方をすることである。根拠に基づく医療の実践とは、個人の臨床的専門技能と系統的研究から得られる最良の入手可能な外部の臨床的根拠とを統合することを意味する。[4]

ＥＢＭは、一人ひとりの患者に対して、ボトムアップ的に、最良の医療を施すので、クックブック的アプローチとはなり得ない。また、ＥＢＭはエビデンス性がもっとも強い研究として、ランダム化比較試験[5]やメタ分析[6]を位置づけているが、それに限定されるものではない。

なぜ、このような提案が行われたのだろうか。イギリスのグレイアム‐スミスのソクラテス的意見[7]によると、ＥＢＭは医療を根本的に変えるものではないが、医師の視野を広げる役割があるという。医師は自分の狭い経験に頼りすぎる傾向があり、それを避けるためであるという。

サケットの評論から一〇年で、EBMは世界中に広がり、スタンダードとなった。EBMの学術雑誌、データベースが整理され、既存のデータベース（例えばPubMed）でも、ランダム化比較試験やメタ分析をキーワードにすると、エビデンス性の強い研究のみが検索できるようになった。逆に言えば、エビデンス性の低い研究はデータベースから無視されるようになった。医学はEBM革命を迎えたのである。

EBMでは科学的根拠の水準と研究方法とが対応づけられている。数字の小さい方がエビデンス性が高い。バデノックとヘネガンから簡略化して引用しておく。[8]

レベル一　ランダム化比較試験のシステマティックなレビュー（メタ分析）、盲検法的な手法によるランダム化比較試験、ある治療法の導入前は全員死亡したが導入後は全員が助かったという感度の高い症例の累積研究

レベル二　コーホート研究[9]のシステマティックなレビュー（メタ分析）、追跡率八〇％以上のコーホート研究、死亡率や罹患率など明確な尺度による研究

レベル三　均質な症例対照研究によるシステマティックなレビュー、重要な尺度につい

て盲検的で客観的な比較を行った症例対照研究
レベル四 症例集積研究、質の低いコーホート研究や症例比較研究、明示的な批判的吟味を欠いた専門家の意見

ＥＢＭでは、単なる症例研究や、専門家の意見は、エビデンス性では最下位に位置づけられていることに注意しておきたい。一人ひとりの医師の経験の範囲は限定的であり、科学的根拠としては不十分だからである。

†読み書き計算で知能が伸びるか

百ます算で一躍有名になった陰山は、反復練習で基礎学力の向上に取り組んだ。積極的な教育姿勢は高く評価されているが、研究のエビデンス性はどうだろうか。

陰山の主導した教育改革として、山口県山陽小野田市での取り組みが新聞[10]に紹介されていた。それによると、教育長の判断で、早寝早起き朝ご飯と読み書き計算の徹底反復を全校三七〇〇名の児童に実施し、九ヶ月で平均の知能指数が一〇二から一一一へ上昇したという。

統計的な検定は行われていないが、おそらくは統計的に有意な変化だろう。しかし、知

能指数が上昇する可能性はいくつもある。

・知能テストを二度実施すると、記憶や練習効果の関係で得点は上昇する傾向がある。
・知能テスト問題には、読み書き算数の単純な問題が多く含まれている。したがって、読み書き計算の徹底反復を行えば、知能テストの点数も上昇するのは当然である。
・児童の成長は速いので、九ヶ月間あれば、自然に学力も向上し、ひいては知能テストの得点も上昇する。
・教育長の肝いりの教育改革である。現場の教員が以前より積極的に教育に取り組んだ結果、学習が促進され、知能テストの得点も上昇したと考えられる。

大規模で、有意義な取り組みだとは思うが、残念ながら、エビデンス性ではレベル四以下であろう。全校、全児童を対象に行った研究なので、実験群だけで、統制群がない。したがって、実験群の知能テストの得点が上昇したのは、どの要因によるのか、明らかではない。科学的価値はない。

エビデンスレベルを二か三に上げるのは簡単である。統制群を導入すればよい。

1　山陽小野田市の小学校をランダムに実験群と統制群に割り付ける。可能ならば、小学校の中で、クラス単位で実験群と統制群に割り付けるとよい。そうすると、学校差の要因がなくなる。

2　実験群と統制群に知能テストを実施する。

3　実験群は早寝早起き朝ご飯と読み書き計算の徹底反復、統制群は従来通りの教育を行う。

4　九ヶ月後に、実験群と統制群に知能テストを実施し、得点の比較を行う。

結果を比較すれば、少なくとも、児童の成長に伴う知能テスト得点の自然な上昇、知能テストの練習効果による得点の上昇の二つの要因は打ち消されて、考慮する必要がなくなる。

残る要因は二つある。現場の教員が新しい教育法は学力を向上させると確信し、以前より積極的に教育に取り組んだからかも知れない。つまり、盲検化されていない。これは、何年かの継続研究を行って、同じ結果が出るかを調べる必要がある。また、知能テストに読み書き算数の問題が含まれているので、得点が上昇するのは当然である。これに対しては、知能テストではなく、読み書き算数の要因の少ない学力検査問題（例えば思考力検査など）を実験群と統制群に実施し、実験群が高得点であることをはっきりと示せばよい。

残念ながら、日本の教育学関係の論文のエビデンス性も低い。実験群と統制群の二群比較を行った研究は例外的であろう。ランダム割り当てを行った研究はほとんどないし、まして、盲検的手続きを組み込んだ研究は存在しないだろう。教育の科学的な研究が蓄積していない結果、教育行政の揺らぎも大きい。

†ホーソン効果は本当か

ホーソン効果とは、自分たちが重要だと感じてさえいれば、労働環境がどのように変化しても、生産性が向上するという現象を指している。[11] しばしば、作業場の照明が暗くなっても、従業員のモチベーションが高ければ生産性が向上すると誤解され、産業心理学や経営学に大きな影響を与えた。しかし、文献を調べてみると、かなりの部分が誤解に基づいているし、ホーソン効果の存在を疑う論文も多い。

ホーソン効果は、一九二四年から一九三二年にかけて、シカゴのウェスタン・エレクトリック社のホーソン工場で、行われた大規模な実験的研究が基となって命名された。ホーソン研究は、五つの研究の総称である。

照明実験　作業場の明るさが生産性に及ぼす影響を調べた。はっきりした結果は得られなかった。

リレー組み立て実験　従業員五名を選び、さまざまな実験を行った。生産性が向上したのは二名で、二名は低下し、一名は変化しなかった。

接点端子群の配線作業　従業員一四名の半年間の観察研究。

大規模インタビュー　二万人にインタビューを行い、原因を調査した。

従業員のカウンセリング　カウンセラーを雇用し、職場内のコミュニケーションの改善を広範囲に行った。

ホーソン研究では、多くのデータが集められたが、ほとんどは質的な記録で、量的なデータが少なかった。また、実験変数の統制が不十分で、生産性の変化の原因は不明確であった。

パースンズ[12]は、従業員が一日の作業量をその日の最後か翌朝に報告されていたことを重視し、作業量の増加は、この報告に基づく条件付けに過ぎないことを明らかにした。

一方、最近の論文ではもっと厳しい論調が目立つ。コンピア[13]は、ホーソン研究は方法論的な研究の質で問題があり、ホーソン効果の存在は疑わしいという。

・科学的な価値がない。エビデンスとしては、記述的、逸話的、権威者的なものだけである。実験群だけで統制群がなく、初歩的な方法論をクリアしていない。

・生産性が継続的に向上するという証拠はない。従業員は一日の生産量を報告されていたし、論文では一時間あたりの生産量と一週間の生産量の混同がみられる。

・社会的要因が物理的要因や賃金要因よりも重要であるという証拠はない。後に行われた統計的分析からは、管理統制上の課題、経済的な逆境、休息の三つの要因が生産量に関係していた。

・リレー組み立てで、従業員が心から自発的に共同作業に取り組んだというのは神話に過ぎない。四万件のインタビュー記録には会社に対する不満は一つもなかった。しかし、従業員が研究に心理的に抵抗し、不安を抱いていたことが文書に記録されている。

・不満を訴える従業員を神経症と断定したのは誤りである。労働環境との関連性が無視されている。

依然として、ホーソン効果は論争中である。ホーソン効果は存在しないかもしれない。ホーソン研究の価値は複雑である。科学的価値はないにしても、間違った仮説によって、産業心理学や経営学に大きな影響を与えたので、社会的価値があったことは確かである。しかし、エビデンスレベルは四以下である。現在、心理学の教科書には、好意的に記載されているが、次第に、記載されなくなっていくだろう。

†心理学は統計を使う

統計は高校の教育課程でも軽視され、学習しない高校生も多い。しかし、心理学の研究では高度な統計的解析を行うのが普通である。なぜ、統計が必要なのだろうか。実は、特定個人、特定集団のみを対象とする場合は、統計は不要である。その代わり、その結論を他の個人や他の集団に一般化することはできない。その一般化のために、統計が必要なのである。どんな優れた研究でも、他に応用できないのであれば、意味がない。

統計には多くの方法がある。大まかな分類[14]をしておこう。

記述統計　頻度、範囲、平均、標準偏差など、データを数学的に記述する分野である。

統計的検定　集団のデータの平均値や処理効果の違いなどを統計的に確認する分野である。t-検定、χ^2《かいじじょう》検定、分散分析などの手法がある。

相関と回帰　変数間の関係を記述する分野で、相関係数、回帰分析などの手法がある。

因子分析と共分散構造分析　心理学でよく使われる多変量解析である。因子分析は変数のグルーピング、共分散構造分析は因果モデルなどの検討ができる。

その他の多変量解析　多くの変量間の構造を数学的に記述する分野である。判別分析、クラスター分析、多次元尺度解析など、データの性質に応じて、多くの手法がある。

統計パッケージが普及し、複雑で高度な統計解析でも、誰でも簡単に使えるようになった。そのためか、研究者でも誤用が目立つ。心理学の専門家だからといっても統計に通じている保証はない。統計解析を本当に理解するためには、それぞれの解析法ごとに専門書を一冊は読まないといけない。

†事例研究でも

うつ病の人がいたとしよう。抑うつ検査を実施すると、七〇点（標準得点）であった。心理テストのほとんどは偏差値化されている。正規分布の考え方では、七〇点以上の人の確率は約二％である。つまり、一〇〇名中二名程度の高得点であることがわかる。

一ヶ月後に同じ抑うつ検査を実施すると六五点であった。得点は下がったのだろうか。それとも誤差の範囲だろうか。

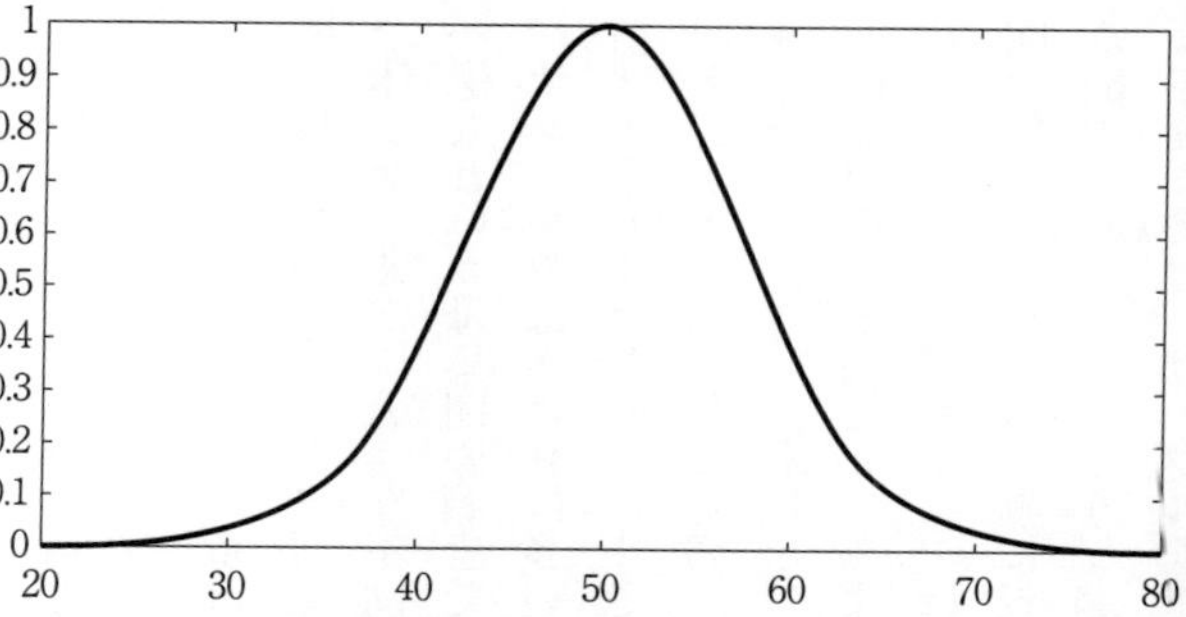

図1・2　正規分布。一種の確率分布でもある。心理テストの場合は平均50、標準偏差10の標準得点（偏差値）を用いる。60点の上側確率は0.159、70点の上側確率は0.023、80点の上側確率は0.001である。

これを判断するには、抑うつ検査の信頼性係数[15]が必要である。ここでは〇・八としておこう。すると、標準誤差[16]を計算すると約四・五となる。つまり、真の値は、六八％の確率で、六五点を中心にしてプラスマイナス約四・五の範囲に分布し、一六％の確率でこの範囲から高得点側に外れることがわかる。また、プラスマイナス五の範囲は七三％、外れる確率は約一三％となる。統計的には、五％以下の危険率で判断するのが慣例なので、この場合、得点の低下は誤差の範囲と判断すべきだろう。このように、心理テストの得点の意味を解釈するだけでも、統計の知識が必要である。

†調査ではサンプリングが重要

通常の調査では、調査対象者は数百人規模で、これをサンプル（標本）という。しかも大学生を対象とした機会サンプリングが多い。たった数百人のデータから「男性は……」とか「児童は……」という主張をしてよいのだろうか。

「男性は……」とか「児童は……」と言う場合は、男性や児童という数十億人規模の大集団を指していて、これを母集団という。母集団は、人類全体とか、日本人全体とか、児童全体とか、非常に大きな集団なので、現実には調査できない。例外は国勢調査で、これは一億人という母集団の調査である。

サンプル数は多ければ多い方が良い。しかし、労力は加速度的に増大するが、データの精度の上昇率はだんだん小さくなる。私が卒業研究などで学生に要求しているのは、二〇〇名以上という条件である。調査の場合、相関係数などを計算することが多い。誤差が小さくなるのは二〇〇名以上である。

母集団を一億人としてみよう。サンプル数が千人だと一〇万分の一、一万人としても一万分の一である。サンプルは桁違いに小さい。サンプル数は数百人でも数万人でも、母集団の巨大さと比べると無に近い数である。よく、数万人のサンプルをとったと宣伝している調査がある。そのような調査に限って、もっと重大な欠点を隠している可能性が大きい。

重要なのは、サンプル数ではなく、サンプリング法である。理想的なのはランダム・サンプリングで、これは母集団から無作為に、クジを引くようにして抽出する方法である。ランダム・サンプリングをすれば、巨大な母集団のミニチュア版が作成できる。そのミニチュア版を分析すれば、母集団の性質が推定できる。

母集団全員に番号を付けて乱数等で抽出すれば、簡単にランダム・サンプリングが出来そうであるが、実は、そんなに簡単ではない。必要なサンプルは二〇〇名程度なのに、一億人に番号を振って乱数を使って抽出するのは不可能に近い。そこで、まず、日本をいくつかのブロックに分け、その中から都道府県をいくつか抽出し、その都道府県から数十名ずつ抽出するという多段階抽出法がある。この他にも様々なサンプリング技法があるが、その目的は、母集団のミニチュア版を作成するための現実的な手順である。

なぜ、母集団のミニチュア版を作らないといけないのか。それは、統計的方法の大部分が母集団からの無作為抽出を仮定しているからである。

†検定の多重性に注意

χ^2検定は、二つの集団の回答数に差がないという帰無仮説[17]を立てて理論的な回答数を計算して、現実の回答数との比較を行う。そして、その理論確率を計算する。これが五％以下なら、初めの仮定に問題があると推論し、最初の仮説を棄却（否定）する方法である。

古典的な方法で、調査ではよく使われている。ただ、数十人から百名程度のデータなら良いが、千名ほどのデータになると、簡単に有意差が出る。つまり、有意差を出すためには、データを増やしさえすればよい。

単純な検定法をくり返して適用するのは間違いである。今、帰無仮説が百個あるとしよう。一つの仮説が棄却されない確率を〇・九五とすると、百個すべての仮説が棄却されない確率は、仮説が互いに完全に独立だとすると、〇・九五の一〇〇乗である。つまり、百個のなかのどれか一つの仮説が棄却される確率は 一マイナス〇・九五の一〇〇乗で、これは〇・九九である。

つまり、百個の質問文を単純に五%水準の危険率で繰り返し検定していくと、どれか一つぐらいは棄却されてしまう。これは検定の多重性という問題である。有意水準を小さめに調整して検定する多重比較法[18]を適用しないといけない。

†相関関係は因果関係ではない

アイスクリームの売り上げと子供の水死の間に相関関係、「**売り上げ**」⇕「**水死**」があったとしよう。アイスクリームが売れたから子供が水死するのだろうか。それとも、子供が水死するからアイスクリームが売れたのだろうか。因果関係を図式的に表現すると、

［**売り上げ**］⇓［**水死**］、あるいは、［**水死**］⇓［**売り上げ**］となる。

アイスクリームを食べてすぐに泳いだから水死したというのは例外だろうし、死んでしまうとアイスクリームは食べられない。だから、因果関係がないことは明白である。これは、気温という第三の変数があって、気温がアイスクリームの売り上げと子供の水死の両方に影響を与えたために、生まれた見かけ上の相関である。[19] この見かけ上の相関を修正するには、同時に第三の変数との相関も求める必要がある。

以上の例は、因果関係がありそうにないので、間違って解釈する危険はない。しかし、朝食と学力の間に相関関係［**朝食**］⇕［**学力**］があると、どうだろうか。［**朝食**］⇓［**学力**］と解釈してしまうのではないか。第三の変数、例えば［**所得**］が朝食に影響を及ぼしている可能性はないだろうか。高所得の家庭はゆとりがあるので必ず朝食をとっていて、勉強の環境も整っているとすれば、学力の原因は朝食ではなく、所得や環境かもしれない。そうすると、所得や勉学環境等も調査しておく必要がある。逆に表現すると、このような第三の変数に配慮した調査でないと、科学的価値が乏しいといえる。

†実は因果関係も推定できる

調査データからは因果関係が解明されないというのが常識である。しかし、この常識には再検討が必要である。共分散構造分析[20]という手法を使って、モデル構成に注意を払えば、ある程度、因果関係も解明できるようだ。

ゼミ生の安元[21]が行った研究を紹介しよう。彼女は、自然体験活動が子どもの性格に影響を与えるという仮説を立てた。そして、自然体験活動尺度を作成し、小学生用主要五因子性格検査と共に小学生四～六年生三三六名に実施した。自然体験活動尺度と外向性、知的好奇心との間に相関が得られたので、**［自然体験］⇓［外向性］&［知的好奇心］**と**［外向性］&［知的好奇心］⇓［自然体験］**という二つのモデルを立てた。AMOSというソフトで分析すると、**［自然体験］⇓［外向性］&［知的好奇心］**というモデルが適切であることが分かった。自然体験をすると、外向的で知的好奇心のある子供に育つと結論して良いだろう。調査研究でも因果関係が分析できるという例である。

†なぜ研究法が大事なのか

人間は複雑な存在で、研究対象にされただけで、行動パタンが変わってしまう。原因らしきものは多数あり、どれが本当の原因であるか、突き止める必要がある。それで、理科系の学問のような、単純なアプローチは通用しない。実験群と統制群を比較したり、実験者効果や被験者のバイアスに気を配らないと、研究にならない。統計的分析も非常に複雑である。

ホーソン研究が科学的価値が乏しいと批判されるのは、研究計画がずさんで、条件が統制されていないからである。この批判は、日本の臨床心理学や教育学の研究の大部分に当てはまるだろう。エビデンスの欠けた研究結果は再現できないし、積み上げも効かない。つまり、進歩もない。どのような多大な労力を費やした研究でも、間違いは間違いで、すべては無駄に終わる。

心理学の研究は、すべて相当な労力が必要である。これは、科学であるための必要条件をクリアするためである。エビデンスレベルで三以上を目指さないといけない。確実な知を積みあげて、次の世代に伝えるためである。そのために、心理学を研究しようとする者は、研究デザインや統計解析法を十分に勉強する必要がある。

第２章
人柄は遺伝で決まるか

†神話の時代

誰でも心当たりがあるかもしれない。昔々、私も天才的に頭が良いと思われていた時期があった。おそらく二〜三歳の頃だと思う。絵本を読み聞かせるようになった時期のことだ。母が一度読んだ絵本を、もう一度読もうとページをめくった時、私はそのページの言葉を読み上げたという。そして、次のページも、次のページも順次、読み上げた。

もちろん、文字が読めたはずがない。条件反射的に、一ページごとの文章を暗記していたにすぎない。当時は鹿児島で生活していたので、周りに興味深い刺激があるわけでもなく、興味は絵本に向かうほかなかった。その結果、一度聞いただけで、絵本の文章をすべて暗記してしまったらしい。

考えてみれば、不経済な子供だ。絵本は一度読むと、もう、すべて暗記してしまうので二度と読めない。どんどん、新しい絵本を買ってこないといけない。母や親戚はびっくり仰天し、とんでもない天才が生まれてしまったと錯覚した。

その後、私に文字教育が行われた。ひらがなの五〇音を大きな紙に書き、天井に張り付けたそうだ。私は寝転んで天井を見上げ、一人で読み上げていたという。当時は、幼稚園に入る前に、文字の読みをマスターした子供はほとんどいなかった。

昔々の灰色に変色した写真の中に、腫れぼったい顔をした小さい頃の私がある。大学の角帽を被って写っている。半世紀以上前である。当時は中学卒がほとんどだったので、大学生になるのは、よほどの天才だけだと思われていた。

父は商売で成功し、裕福だった。私は天才だと思われていたのか、大人の見る映画を全て見たし、映画俳優の名前はすべて記憶した。父の天才教育は、たぶん、私を大人扱いすることだったのだと思う。

残念ながら、幼児期の天才は長続きしない。父が早く死去したために、経済的な苦境に陥ったし、大阪に出てきて環境が激変したことも影響したかもしれない。私の小・中学校での成績は凡庸だし、特に見るべきものはない。受験勉強のおかげで良い高校に進学できたが、高校では再び凡庸な成績に落ちた。

幸い、いくつかの偶然のお陰で大学の教員にはなれた。しかし、自分が優秀な研究者とは思っていないし、天才的な能力もない。ただ、数時間、人の話を聞いて、簡単なメモを取るだけで、話の内容をほとんど正確に文章にまとめる能力は、他の人より優れている。この能力は、たぶん、小さい頃からあったと思う。

私の場合は「トンビがタカを生んだ」と言われた。つまり、両親の遺伝子は凡庸だが、突然変異的に優れた子孫が生まれたと評価された。こんなことはあり得るのだろうか。

†発達研究の特殊性

発達心理学というと、発達についての心理学だから、子供の研究をすると思うかもしれない。これは誤解である。発達心理学の教科書を見ると、知覚、学習、認知、知能、言語、社会、自己、異常、問題行動など、心理学のあらゆるテーマが含まれている。つまり、発達心理学は、発達という観点から心理学を再構成したものである。

発達という言葉も誤解を招く。日常用語では発達は幼児や子供が成熟する意味である。しかし、心理学では人が生まれてから死ぬまでの変化がすべて発達である。つまり、どんどん賢くなっていくのは発達だが、老化して痴呆化してしまうのも発達である。生涯発達という言葉は、成人以降の変化を強調している点は少し違うが、発達も生涯発達も同じ意味である。

†三つの方法

発達は数年間という単位での変化を扱うので、特有の研究法がある。それが、横断的方法、縦断的方法、コーホート[22]研究の三つである。それぞれ長所と短所がある。

横断的方法　ある時点で、いくつかの年齢集団のデータを採り、比較する方法である。例えば、一〇歳、一五歳、二〇歳の集団でデータを収集して比較すれば、年齢による変化がある程度分かるだろう。

年齢集団一	一〇歳
年齢集団二	一五歳
年齢集団三	二〇歳

この研究法は、単純で、分かりやすく、コストもかからない。最新のテストや調査法も使える。学生の卒論から学術雑誌の研究論文まで、ほとんどはこの方法である。追試研究も簡単である。しかし、重大な欠点がある。一〇歳の人が育った環境と、一五歳、二〇歳の人が育った環境とは、大きく異なる。この時代効果が調査結果に大きく影響し、年齢効果の要因が分離できない。

縦断的方法　ある特定の集団を五年、一〇年、二〇年と追跡して調査し、比較する方法である。研究に何十年もかかるのが普通である。

年齢集団一　一〇歳→一五歳　→　二〇歳　→　三〇歳

この研究法は、時代効果を回避できるし、特定個人の変化が追跡できるので、年齢による因果関係の推定が可能である。ただ、問題は研究のコストで、膨大な時間と労力がかかる。しかも、最初の頃、素晴らしいと評価されていたテストや調査内容も、一〇年経つと価値がないとされるかもしれない。また、五年、一〇年となると、調査対象者が死亡、行方不明等の可能性もある。さらに、同じテストや調査を何回か繰り返すので、記憶や学習効果もある。追試研究も簡単には実行できない。利点は大きいが欠点も大きい。学生の卒論では到底扱えない。研究者でも短期的に成果を求められるので、滅多に研究例はない。

コーホート研究　いくつかの年齢集団を、何年かに渡って追跡的に調査研究する方法である。例えば、一〇歳、一五歳、二〇歳の集団を五年間、追跡するとしよう。

年齢集団一　一〇歳　→　一五歳

年齢集団二　　　　　　　　　　　一五歳　↓　二〇歳
年齢集団三　　　　　　　　　　　　　　　　二〇歳　↓　二五歳

それぞれの年齢集団を単独で分析すれば、縦断的方法であるから、年齢効果が測定できる。一方、年齢集団一と二、二と三を比較すれば時代効果（世代差）が測定できる。つまり、年齢効果と時代効果がある程度分離できる。しかも、非常に広い年齢範囲が比較的短期間で研究できる。ただ、研究規模が大きくなり、簡単には追試ができない。集団特有の要因も排除できない。

方法論的に優れているのは、縦断的研究とコーホート研究である。共に、時代効果を回避しつつ、年齢効果が測定できる。研究のコストがかかるので、研究例は少ないが、重要な知見をもたらす。そのため、ここでは優先的に取り上げる。

†遺伝と環境の問題

発達心理学の最大の争点は、遺伝か、環境かの問題だった。遺伝と環境の問題は複雑である。過去の心理学者の立場は、

・遺伝、もしくは、環境の要因が独立して働く。
・遺伝と環境の両方が加算的に働く。
・遺伝と環境には相互作用がある。
・環境は遺伝が発現する閾値《いきち》として働く。

などと整理できる。

家系研究は、遺伝と環境の影響力が分離できないという致命的な欠陥があった。もし、音楽家の家系に生まれたら、幼少期から音楽の天才的な教育を受けてしまう。遺伝的に平凡であっても、早期から集中的な教育を受ければ、それなりに傑出した能力を身につけるだろう。また、本人、祖父、祖母、父、母などの能力は、直接測定できない。家系研究は、すべて姿を消した。科学的方法としては欠陥が大きすぎた。

家族研究は、直接的に家族の能力を測定できるので、科学的に有効な方法である。遺伝の影響力を示すには、血縁関係が濃いと類似性が大きく、薄いと類似性が小さいことを示せばよい。一九二〇年代からは、相関係数という類似性の指標が使われたし、最近では、共分散構造分析モデルの適用が増えてきた。適切な解析を行えば、遺伝の影響力を明確に示すことができる。

双生児研究は、家族研究の特殊ケースである。双生児には一卵性と二卵性があり、前者は遺伝子が全く同じ、後者は遺伝子が兄弟と同等である。同じ家庭や違った家庭で育った双生児を比較すると、遺伝と環境の影響力が明確に分離できる。昔は相関係数による単純な比較であったが、最近は、共分散構造分析モデルによる解析が主流である。

†影響力の分解

多くの人を測定するとしよう。これは遺伝子や環境の影響を含んだ表現型である。表現型の影響力（得点の分散、散らばりのこと、V_P）が加算的なものであれば、遺伝子の影響力（V_G）と環境の影響力（V_E）に分解できる。

$$V_P = V_G + V_E$$

遺伝子の影響力は、加算的に働く遺伝子の影響力（V_A）と優勢遺伝子の影響力（V_D）と遺伝子同士の交互作用（V_I）に分解できる。

加算的に働く遺伝子は、相加的遺伝子といい、いくつかの遺伝子が共同して働いて、その結果が単純な足し算で説明できるものである。優勢遺伝子はエンドウ豆の形のように、一つの遺伝子で結果が決まるようなものである。もちろん、遺伝子同士が交互に影響しあって、結果が単純に予測できないものもある。

一方、環境の影響力は、共有環境の影響力（V_C）と非共有環境の影響力（V_U）に分解できる。例えば、兄弟の場合、両親、食生活、家庭環境などは共通である。両親は同じだし、食べ物も同じだろう。家庭環境、例えば、お小遣いも同じだろう。これが共有環境である。ところが、兄と弟は役割が違う。両親は、兄に対するしつけはやや厳しめになり、教育熱心である。ところが、弟は甘やかす傾向がある。同じ家庭にいても、共通でない環境もある。また、兄と弟は世代も違う。お互い異なる学年に所属しているし、交友関係も違う。これらが非共有環境である。

まとめて式で書くと、

$$V_P = (V_A + V_D + V_I) + (V_C + V_U)$$

となる。

要するに、表現型の影響力（分散）は、遺伝子の影響力と環境の影響力に分解できるし、さらに、それを細かく分解することもできる。

このモデルは、例えば、遺伝の影響力が九〇％とすると、ある集団内での得点の散らばりの九〇％を、遺伝として解釈できるということである。特定個人の能力値が九〇％の確率で決定されるということは意味しない。

†遺伝の影響

遺伝の影響は、知能と性格の領域で大規模な研究が行われた。知能とは、知能テストで数値化されたものである。知能テストには、ビネ式、ウェクスラ式、さまざまな知能テストがあるが、互いの相関はおよそ〇・八程度ある。それで、ある程度は共通の属性を測定していると考えられる。[23] また、最近では、性格といえば特性論を差し、いくつかの次元を仮定し、その程度を数値で表すアプローチである。性格の基本的次元としては、**外向性**、**協調性**、**良識性**、**情緒安定性**、**知的好奇心**という、ビッグファイブが広く受け入れられている。[24]

†知能の遺伝

アメリカ、ヨーロッパでは、大規模な養子研究が一九二〇年代から行われてきた。ブーシャールら[25]は、一九二八年のバークスから二〇〇〇年のシーガルまでの養子研究を、児童期と成人期に分けて整理した。相関の重み付け平均は、児童期の平均は〇・二六で、広い範囲に散らばっていた。ところが、成人期の平均は〇・〇四と無相関であり、散らばりも小さかった。つまり、児童期では、共有環境の影響力が働いて、IQには弱い相関が生まれる。しかし、成人期では、遺伝の影響力が支配的になり、IQの相関が喪失してしまった。

双生児研究でも遺伝や環境の影響力が年齢と共に変化することを示している。一九九三年のマクギーらの双生児研究のデータを元に、ブーシャールが、年齢群ごとに遺伝の影響力などを描いたのが、図2・1である。共有環境の影響力は成人でゼロに落ち込むが、遺伝の影響力は、年齢と共に上昇し続け、成人では八〇〜九〇％に達した。

ブーシャールによれば、双生児研究、養子研究、家族の縦断的研究を振り返り、ほとんどすべての研究が成長するにつれて共有環境の影響力が減少し、遺伝の影響力が増大していた。成人では共有環境の影響力はほぼゼロとなる。

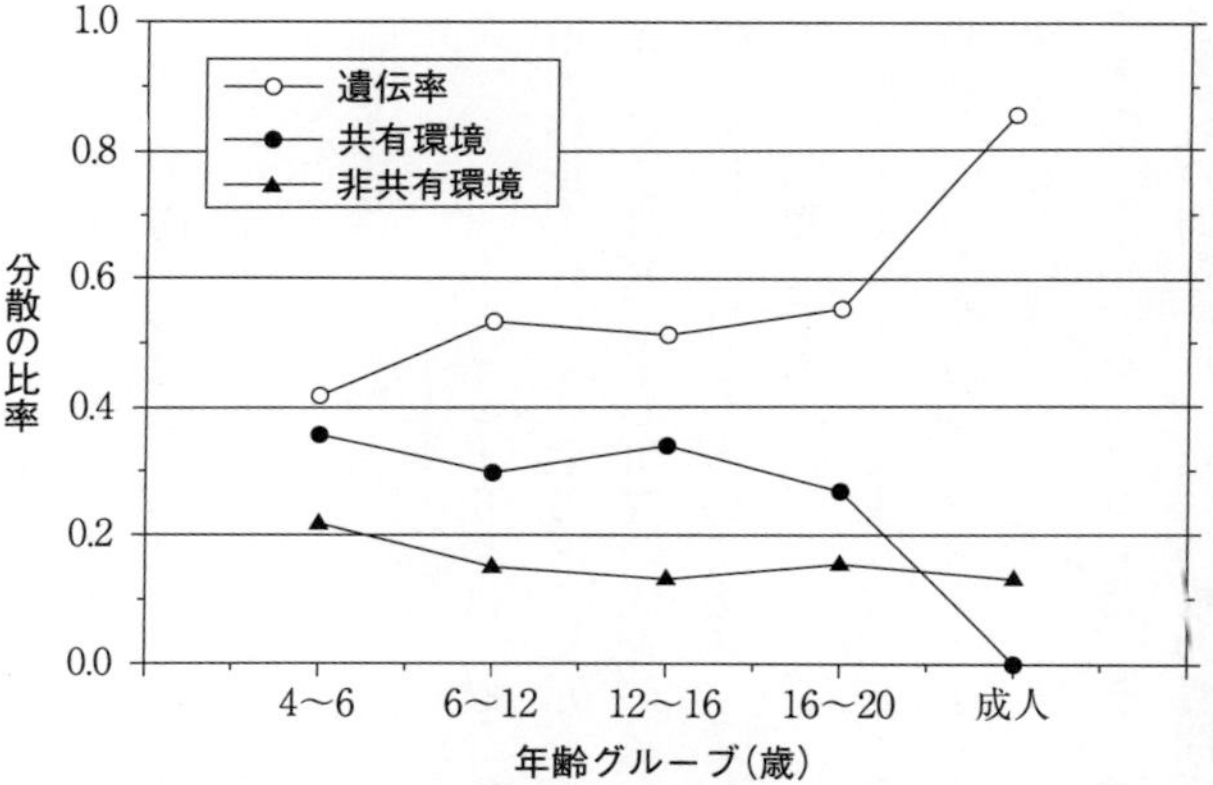

図２・１　年齢と遺伝率、共有環境、非共有環境との関係。16〜20歳で遺伝率が急上昇する。

プローミンらは、[26]親子八〇〇〇名、兄弟姉妹二五〇〇名、双生児のペア一〇〇〇〇組、数百人の養子家族を含む、過去の研究の総括を行った。遺伝の影響力は四〇〜八〇％の範囲に散らばっているが、データに基づいて推定すると、一般知能の分散の五〇％程度である。また、研究を年齢で分割すると、遺伝の影響力は幼児期二〇％程度、児童期四〇％、成人期六〇％程度と、年齢に比例して増加する。

共分散構造分析で解析する際、どのようなモデルを立てるかによって数値は異なってくる。例えば、子宮内環境という変量を導入すると、一気に遺伝の影響力は小さくなる。プローミンらの数値は、狭い意味での遺伝の影響力である。

プローミンらの総括は、基本的に正しい。遺伝の力は巨大で、圧倒的である。ただ、遺伝の影響力とは、集団内での得点の分散を意味する。その数値はモデルに依存するし、特定個人の内部の遺伝子の強度を意味するものではない。プローミンは特定のDNAが一般知能を規定すると主張しているが、この主張がデータによって裏付けられた訳ではない。

†性格の遺伝

ブーシャールとローリン[27]は、過去の研究をレビューして遺伝率をまとめている。若干の追加修正を行って、表2・1に示した。このなかで、一九九二年のローリン[28]は、双生児研究、養子研究、家族研究の既存の数百人のデータを収集し、様々なモデルを用いて共分散構造分析で解析したものである。遺伝の影響力は三八〜四九%で、共有環境の影響力は〇〜一一%程度であった。

表2・1で明らかなように、ビッグファイブの遺伝率は五〇%前後の場合が多い。また、共有環境の影響力は、ウォーラーで一二%、リーマンらやローリンら[29]は、ほぼゼロで、無視できるという。

二〇〇七年にローリンら[30]は、テキサス養子研究で、養子三二四名と実子一四二名、親二六六名の調査を行った。一枚の質問紙調査なので、信頼性は低いと思われるが、共有環境

	ローリン(1992) レビュー	コスタら(1992) (アメリカ)	ジャングら(1996) (カナダ)
外向性	0.49	0.50	0.53
協調性	0.35	0.48	0.41
良識性	0.38	0.49	0.44
情緒安定性	0.41	0.49	0.41
知的好奇心	0.45	0.48	0.61
一卵性のペア	—	660	123
二卵性のペア	—	380	127

	ウォーラー(1999) (アメリカ)	ローリンら(1998) (アメリカ)	リーマンら(1997) (ドイツ)
外向性	0.49	0.57	0.56
協調性	0.33	0.51	0.42
良識性	0.48	0.52	0.53
情緒安定性	0.42	0.58	0.52
知的好奇心	0.58	0.56	0.53
一卵性のペア	313	490	660
二卵性のペア	91	317	304

表2・1　ビッグファイブの遺伝率

の影響力は、ほとんどの質問項目でゼロであった。つまり、家庭環境の影響力はほとんどなかった。

†価値観、精神疾患、社会的態度の遺伝率

ブーシャール[31]の知能や性格以外の部分を紹介しておこう。

職業的興味のタイプ（現実的、研究的、芸術的、社会的、企業的、慣習的）を双生児、兄弟、両親、実子などで測定し、遺伝の影響力を調べたところ、平均は〇・三六で、尺度による変動は小さかった。

共有環境の影響力は〇・一〇で、性格とは異なり、比重は比較的高かった。職業的興味については、生育環境の影響が比較的大きいといえる。

精神疾患は、その種類によって遺伝の影響力が異なっている。性差は、基本的に確認されていない。

・統合失調症（精神分裂病）は〇・八〇と遺伝率が非常に大きい。共有環境の影響力はゼロで、性差もない。

・気分障害（うつ病）は〇・三七で、統合失調症よりは低いが、遺伝の影響力は中程度である。性差は不明である。

・パニック障害は〇・三〇〜〇・四〇で、遺伝の影響力は中程度である。

・全般性不安障害は〇・三〇で、遺伝の影響力は中程度である。

・恐怖症は〇・二〇〜〇・四〇で、遺伝の影響力は中程度である。

・アルコール中毒は〇・五〇〜〇・六〇で、遺伝の影響力が大きい。治療が難しい原因かもしれない。

・反社会的行動は、児童で〇・四六、青年で〇・四三、成人で〇・四一と中程度である。以前は加齢で遺伝の影響力が増すと考えられていたが、事実は違った。

社会的態度では、保守的態度は、二〇歳以下では遺伝の影響力は〇であるが、二〇歳以上では〇・四五〜〇・六五と、かなり上昇してしまう。右翼的権威主義は成人で〇・五〇〜〇・六四と、やはり遺伝の影響力が強い。他方、信心深さは一六歳で〇・一一〜〇・二二と小さく、成人で〇・三〇〜〇・四五と中程度になる。

†遺伝率は何を物語るか

行動遺伝学の成果はかなり一貫している。遺伝の影響力はかなり大きいし、影響力は、年齢に比例して、増加してしまう。知能では遺伝の影響力は六〇%に達するし、性格でも五〇%前後もある。職業的興味、精神疾患、社会的態度でも、遺伝の影響力はかなり大きい。残念ながら、我々は親に似ているし、歳をとると、ますます、親に似てしまう。

親子の知能の相関を〇・五くらいだとすると、中程度の相関である。「トンビがタカを生む」こともあるが、その確率は小さい。親の評価は当てにならない。幼児期に特殊な能力（私の場合は、物語の暗記能力）を見ると、天才的な子供が生まれたと誤解してしまう。

早期に天才教育を施せば、あるいは、天才的な人材が育つかもしれない。しかし、天才教育の継続は難しい。加齢と共に遺伝の影響力が増大するのは、環境要因の均質化とも解釈できる。意図的に環境要因を大きく変化させたり、激動の時代に生きれば、知能や性格も変化するはずである。

†出生順位の影響

出生順位の影響も、知能と性格の領域で大規模な研究が行われてきた。長い間、出生順位は知能と性格に関係すると信じられてきた。知能との関係では、一八七四年にフランシス・ゴールトンが、偶然以上の確率で長子が卓越した地位に就いていると主張したのが最初である。これ以降、数百の論文が書かれた。長子は、遺伝的に優れ、親の寵愛を受けて育つので、知能も高いと考えられた。

家庭内の力関係を見れば、年長の兄や姉は、最初に両親の寵愛を受けて特別に育てられる。その後、弟や妹が生まれると、愛情の方向は変わるが、兄や姉は、自制心や判断力があり、成熟している。年少の弟や妹と比べると、力関係では常に上位にいる。一方、力関係で下位の弟や妹は、指導・抑圧されるので、反逆心も育ちやすい。このような力関係は、性格の形成にも影響すると考えられた。

†知能との関係をめぐる議論

ロジャズ[32]によると、家族間研究デザインでは、系統的な結果が得られ、解釈可能であるが、家族内研究デザインでは、ランダムに近い結果が得られ、知能と出生順位や家族の大きさとは、何の関係もないように見える。

ザイアンス[33]は、過去の研究を振り返り、知能テストを受けた時の年齢が問題で、一一±二歳以前ならば、出生順位と知能は負の関係か、ゼロの関係であり、一一±二歳以降なら正の関係があると整理した。これを「合流モデル」と称している。

ダウニ[34]は、両親の養育資源を有限と仮定し、これが子供の数で希釈されると考える。この「希釈モデル」でも出生順位の効果は説明できる。

一方、出生順位と知能の関係は偽りであると主張する研究者もいる。知能が低い子供のいる家族は多人数である場合が多い。それ故、家族間研究デザインを採用すると、家族の人数が作用して、出生順位が知能に関係するように見えるだけである。つまり、出生順位と知能の関係は系統的誤差に過ぎない。

いったい、どちらが本当なのか。果たして出生順位と知能の間に関係はあるのだろうか。

この問題に対する解答は、ノルウェーの大規模研究の成果を見れば良い。ビャルケダール[35]らの報告によると、使用した知能テストはGA（一般能力）検査で、被験者はノルウェーの徴集兵二万五千名である。図2・2に、その結果を示す。得点の上下のバーは九五％

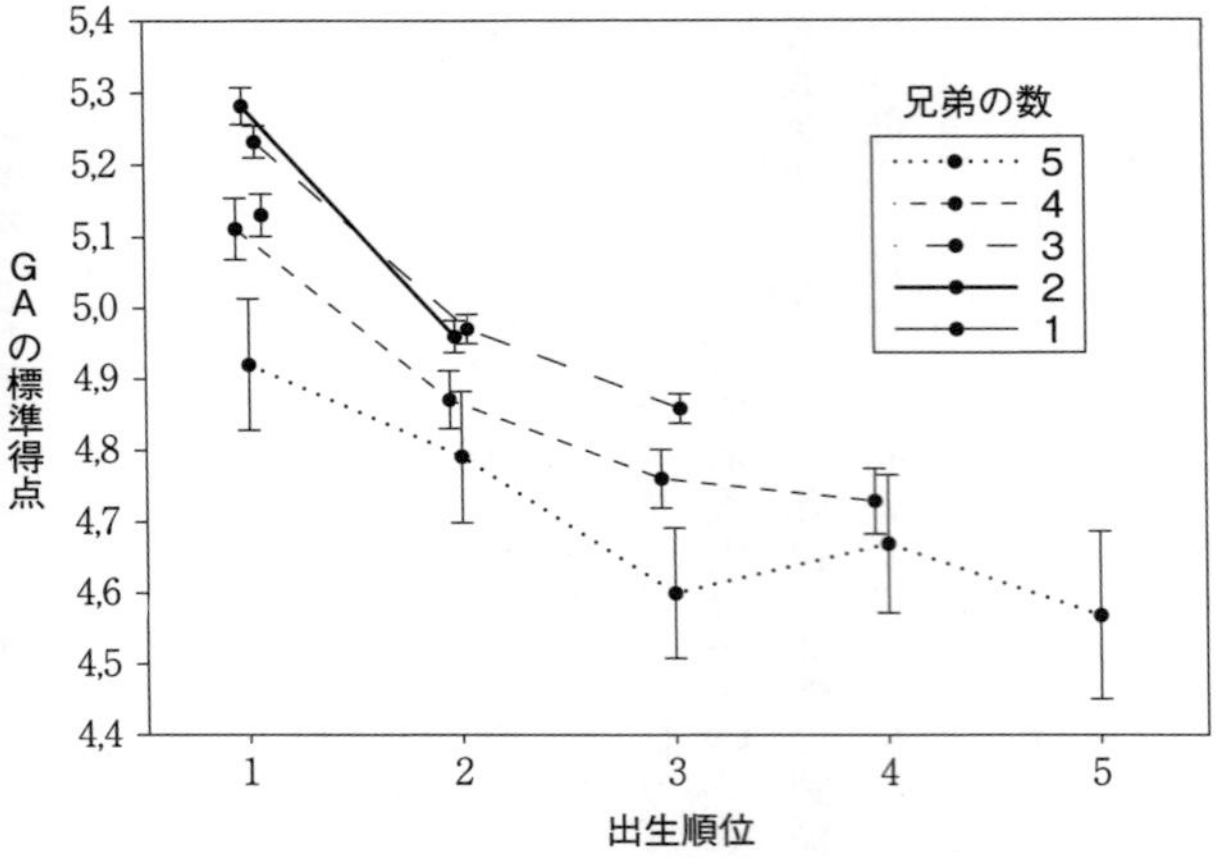

図2・2　GAの標準得点、出生順位を兄弟の数ごとに折れ線グラフで示したもの。

の信頼区間[36]である。

出生順位と知能には、明確な関係があった。第一子はもっともIQが高く、兄弟の数が増えるに従って得点は減少している。IQ得点は、母親の教育水準が高く、兄弟の数が少なく、出生間隔が長く、収入が多いほど、高かった。ビャルケダールらは、若い男性では出生順位とIQに負の関係があることをはっきりと証明した。ただ、その理由は、次の論文に持ち越された。

†社会経済的地位を統制すると

クリスタンサンとビャルケダール[37]は出生順位とIQの関連の理由について、『サイエンス』に簡単なリポートを寄せた。IQは出生順位と負の関係があると同時に、社会経済的地位とも負の関係があった。社会的地位を統制すると、出生順位とIQの関係は統計的に有意でなくなった[38]。背後に社会経済的地位という第三の変数があったので、関係があるように見えただけであった。ホールムグライン[39]らも社会経済的地位を統制すると、出生順位とIQの関係が消失するという結果を得ている。

ノルウェーの大規模研究の被験者は徴集兵で、すべて男性であった。ブームスマら[40]は、出生順位とIQの関連性に性差があるかを調べた。被験者は五歳、一二歳、一八歳の三集団で、ノルウェーの一卵性と二卵性の双生児、計二一一五名であった。分析の結果、出生順位とIQの負の関係を再度明らかにしたが、性差はなかった。

長子のみを単純集計すると、社会経済的地位の高い人が多くなるし、平均知能も高くなる。次子のみを単純集計すると、社会経済的地位が低い人が多く、平均知能も低くなる。社会経済的地位の変量を統制すると、出生順位の影響が消えてしまう。まだ、論争は続くかもしれないが、出生順位とIQの関連性は幻であろう。

†長子的性格と次子的性格は本当か

日本では、兄は兄的性格になり、弟は弟的性格になると信じられている。たとえば、清水は性格心理学の概説書[41]で兄弟による性格の違いに一章を充てて解説している。長子は無口で遠慮がちな性格になり、次子はおしゃべりでお調子者の性格になるという。また、渋谷と小野寺[42]も、同様のことを記述している。

行動遺伝学の研究によれば、共有環境（家庭環境）の影響力は〇〜一〇％前後であり、その中で、親の子育ての影響力は数分の一のはずである。本当に、出生順位と性格に関係があるのだろうか。実は、出生順位と性格に関係があるという記述は、依田と深津[43]の研究に基づいている。では、どんな研究だっただろうか。

依田らの被験者は、両親と同居している二人兄弟一四五名と母親一四五名である。性格特性についての用語で、親子の反応を合計し、長子と次子で、有意差があった項目をχ^2検定したものである。男子と女子も性格が違うという。形容詞をあげておく。

・長子的性格は、話すより聞き手、ひかえめ、面倒が嫌い、仕事がていねい……である。
・次子的性格は、母に甘える、父に甘える、外で遊ぶことが好き、お調子者、おしゃべり、人まねがうまい、母に告げ口……である。

一見して、かなり問題点があることがわかる。リストアップしてみよう。

・用語の頻度にいくつか差があっても、それは性格の違いとはいえない。しかも、性格用語とはいえない用語も混じっている。性格特性とはある一定の行動のまとまりを指すので、同じ意味に属する言葉がたくさん必要である。

・母の回答と兄弟の回答を合計した頻度をχ^2検定している。性格評価を平均化したつもりかもしれないが、こういうデータにχ^2検定を適用するのは間違いである。

・多数の用語にχ^2検定を単純に繰り返している。帰無仮説の関係でいくつか有意差が出るのは当たり前である。有意水準を調整した多重比較を行う必要がある。

岩井[44]は、一九九組の兄弟を調査した。依田らの追試的研究であるが、兄弟のペアを回答の単位とした。兄弟のいずれかの度数が五〇％以上あるかを判断の基準とすると、長子的性格、次子的性格と判断できる項目はなかった。

†欧米の研究では

エクシュタイン[45]によると、統計的に有意差の出た研究は一五一もあるという。ただし、研究の質は明らかではない。

ジェファソンら[46]は、NEO-PI-Rという性格検査を六一二名に実施した。出生順位と性格に分散分析を適用すると、側面因子[47]三〇のうち、利他主義と優しさで弱い関連性が見つかった。仲間評定一六六名では、出生順位が後だと知的好奇心と協調性が高いという傾向があったが、配偶者八八名の評定では、この傾向は確認できなかった。

方法論上の問題を提起したのは、ビアとホーン[48]である。今までの研究は、人口統計的変化、同胞関係の不完全さ、被験者の年齢と性別、社会経済的地位、同胞の数などの影響を考慮していないし、ほとんどが家族間研究である。また、出生順位と養育順位の問題が分離されていない。

ビアとホーンは、テキサス養子研究とコロラド養子研究からデータを収集した。テキサス養子研究の被験者は、養子一五九名、実子四九名で、長子が一一三名、次子以降が九五名であった。平均年齢は一八・四歳であった。また、コロラド養子研究の被験者は児童二一九名で、長子一三七名、次子以降が八二名であった。一六PFという性格検査を使用した。

家族間研究デザイン[49]で、年齢、性別、社会経済的地位、同胞の数を統制して分析した。養育順序と性格の相関の平均は〇・〇六で、どれも統計的有意水準には達しなかった。養育順序の効果は全分散の一％しかなかった。

次に、家族内研究デザインで、年齢差五歳以内の長子と次子の九三ペアの一六PFを分析した。[50] 影響力は小さく、養育順序との相関の平均は〇・〇五であった。養育順序ともっとも大きな関連があったのは、良識性次元で、相関はマイナス〇・一四であった。つまり、長子は次子よりもやや良識的であるという傾向が見られた。ただ、影響力に換算すると、二％に過ぎないので、養育順序と良識性次元は非常に小さな関係しかない。おそらくは年齢要因の影響であろう。

ベックら[51]は、NEO-FFIの外向性次元のみを取り上げ、同一家庭内の長子と次子以下を比較した。被験者は長子四七名と次子以下四九名である。単純な t-検定の結果、社交性と支配性で五％水準の有意差が見られた。しかし、この研究では、長子と次子以下の年齢の違いが性格に反映している可能性がある。平均年齢は二一歳であるが、年齢は一二〜五一歳の幅がある。

NEO-FFIでは世代差が不明であるが、主要5因子性格検査[52]の世代別標準化のデータを見ると、外向性の素点は、青年期六・七、成人前期六・〇、成人中期五・四、成人後期五・七と、年齢と共に変動する。年少者で社交性が高く、年長者で支配性が高いのは、世代別の変動傾向と矛盾しない。

ディクソンら[53]は、子供が六人以上の家族で、アイゼンクのEPQで、出生順位と性格の関係を調べた。被験者は三六一名である。末子は、長子より外向性得点と精神病質得点が高かったが、年齢要因も統計的に有意であった。

†年齢要因を統制すると

出生順位と性格に関する研究には、方法論的な欠陥が目立つ。ビアとホーンが批判したように、人口統計、同胞関係、被験者の年齢と性別、社会経済的地位、同胞の数などの変数を統制して（統計的に影響力を除外して）分析するのが、世界での常識である。性格の測定は、ビッグファイブ等を測定する性格検査の利用が不可欠で、依田と深津のような形容詞リストを使った研究は論外である。

長子は次子以降と比較すると年長であり、長子がやや良識的という研究はあるが、年齢要因を統制すると、この関係は消失するだろう。主要5因子性格検査の世代別標準化のデータを見ると、良識性の素点は、青年期五・二、成人前期六・六、成人中期七・五、成人後期八・七と、年齢と共に上昇する。ビアとホーンの結果は、世代差の影響力で説明可能である。

出生順位が性格に与える影響力は一％に満たないので、この関係が明確に証明されることはないだろう。

†親の養育態度は子供に影響するか

親の重大な関心事は、子供をどう育てるかである。子育てに失敗すれば、非行に走ったり、学校をサボって、進学もできず、とんでもない大人になってしまうかもしれない。一方、子育て次第では、穏和で、勤勉な性格に育ち、勉強にも励み、その結果、頭も良くなって、良い会社に就職し、将来はバラ色かもしれない。親となってしまえば、育児こそは最重要な関心事かもしれない。その証拠に、アマゾンで育児書を検索すると、四千冊を超える本が現れる。

†精神分析の仮説

幼児期のしつけの重要性を強調したのは、フロイトの精神分析である。彼は、リビドー(性本能)が身体のどこに向かうかで発達段階を区分した。生後一年半くらいまでは口唇期で、唇に快感を感じる時期である。この口唇快感に固着したまま大人になった人は口唇性格になり、楽観的、話好き、外向的であったり、気短で、他人に頼りがちになったりするという。噛付く行為は議論好きな性格を作るそうだ。

生後八ヶ月から三～四歳の間は肛門期で、大小便のしつけが行われる時期である。肛門快感に固着して大人になると肛門性格になる。清潔を好むが、金などを出し惜しみしたり、意地っ張りの性格になるという。[54]つまり、親の育児態度が子供の依存性や信頼感などを決定するという。

一九五三年、ホワイティングとチャイルド[55]は七五の未開民族の養育態度と、口唇愛的、肛門愛的、性的、依存的、攻撃的行動の関係を調査した。

排泄訓練については民族の間で違いが著しかった。ダオメー人はきわめて厳しく、シリオノ人は過度に子供を甘やかしていた。食事と離乳の慣習について、クオマ族は極度に子供を甘やかしていた。一方、アイヌ人は子供を吊したゆりかごに入れて放置していた。このように初期経験が違うと大人の行動傾向も異なるはずである。精神分析的な仮説が若干支持されたものの、多くの要因が含まれていて、はっきりした結果は得られなかった。

†子育て神話

行動遺伝学の研究によれば、共有環境（家庭環境）の影響力はたかだか一〇％程度である。その中で、子育ての影響力が占める割合は数％であろう。極端な育児態度、たとえば、子供の虐待、子供の遺棄等がなければ、母親の育児態度が子供の性格に大きな影響を与えるとは思えない。

ハリス[56]は『子育ての大誤解』という本で、愛情をこめて抱きしめると優しい子供になり、寝る前に本を読み聞かせると勉強好きの子供になる、一人でベッドに寝せると独立心が養われる、体罰を加えると攻撃的な子供になるなどは、すべて間違いであると断定し、このような考え方を「子育て神話」と名付けた。この本はどこまで正しいのだろうか。

†大規模なメタ分析から

ポールッセン－ホーヘボーンら[57]は、育児と子供の否定的な情動（怒り、恐れ、いらいら、仲たがい、不快感）の関係について、総計七六一三対の親子の六二の研究をメタ分析[58]した。効果量という相関係数と類似の指標が報告されている。育児態度は、支持的な育児態度（優しく見守る）、制限的な育児態度（叱ったり処罰する）、誘導的な育児態度（罪に繋がるか間接的に感じさせる）の三つに分類されている。

支持的な育児態度に関する文献は五五あり、母子関係は総計五四六七に上った。メタ分析の結果では効果量は〇・〇六で、支持的な育児態度と子供の否定的な情動との関係は統計的には五％水準で有意であった。関連する変量を調べると、二五歳より若い母親は支持的ではなく、子供の否定的な情動の関係は〇・二二と大きかった。

また、社会経済的地位の低い一一研究を取り出して効果量を計算すると、〇・一九であった。つまり、社会経済的地位が低いと、養育態度は非支持的であり、子供の否定的な情動は高かった。ただ、測定方法の影響も大きかった。

制限的な育児態度に関する文献は二二あり、母子関係は総計二五五九に上る。メタ分析の結果、効果量は〇・一〇で、制限的な育児態度と子供の否定的な情動は、一％水準で統計的に有意な関係があった。要因を分析すると、子供の年齢、出生順位、測定方法の三変量が影響していた。つまり、制限的な養育態度は、子供が幼児である時、否定的な情動と関係していた。

誘導的な育児態度に関する文献は九あり、母子関係は総計九五七であった。メタ分析の結果、効果量は〇・一二で、一％水準の統計的に有意な関係があった。育児態度が誘導的でない場合は、否定的情動が高かった。

基本的には育児の効果は小さかった。ただ、社会経済的地位が低いと、子供は否定的な情動状態になり、親も子供を応援するような育児をしていなかった。社会経済的地位が高いと、逆の関係があった。

一般に期待されるほど、育児態度の影響力は大きくない。むしろ、育児態度の影響はかなり限定的である。育児態度が非常に否定的で、虐待的であれば、子供の自尊心や社会性にはある程度、影響は与える。しかし、気質や性格に永続的な影響を与えることはない。

子育ての研究は多数に上るが、共分散構造分析等で、因果関係の分析をした研究は少ない。養育態度の背後には、社会経済的地位や両親の性格、子供との共通の遺伝素因などの変量が隠れている。この変量を統制すると、養育態度の影響力は消えてしまうだろう。『子育ての大誤解』は、育児態度の影響力をゼロであると、センセーショナルな話題作りをした。主張はやや極端にしても、基本的には肯定せざるを得ない。ほとんどの研究は、子育てが非常に小さな影響しかないことを示している。

心理学者の大部分は「子育て神話」を信じていない。それにも関わらず、育児態度の研究が繰り返されるのは、子育てが重要だからである。影響力はたかだか一〜二%である。それをどう考えるかは、各人の価値観に依存している。

第３章
人間は賢いか

†愛猫ジニー

昔、ジニーという猫を飼っていた。ジニーは常に早朝に目覚めて、真っ先に食事を要求した。食事の後、少し休憩して散歩に出かけるのが日課だった。その日は妻が早起きした。妻はジニーに食事を与えた。そして、人間用の朝食として、ベーコンエッグとほうれん草のソテーを作ったが、私はだらしなく二階で寝ていた。妻は愛猫のジニーに言った。

「ジニー、ヒロを起こして来て」

ジニーはただちに二階に駆け上がって、顔をひっぱたいたが、私はまったく気づかない。ジニーは助走をつけて高くジャンプしてから、布団の中央部分に落下し、同時にキックを浴びせた。

「うーん。痛いな。何すんだよ。ジニー」

これは効いた。ジニーはシャムと和猫の混血で、体重は六キロを超えていた。私は目を擦りながら、しぶしぶと起き上がった。ジニーは真っ先に一階に駆け下りた。私はふらふらしながら階段を降りた。

「ジニーに飛び蹴りされた」

「ヒロを起こして、と言ったんだけど。十分、人間の言葉がわかるみたい」

次の日、今度は私が先に起きた。ジニーに食事を与え、ベーコンエッグとほうれん草のソテーを作った。妻は起きてこない。復讐を企てた。

「ジニー君。ママを起こしといで。蹴飛ばせば良いから」

ジニーはただちに二階に駆け上がった。しばらくして、ジニーが一階に駆け下りた。妻はふらふらしながら下りてきた。私は得意気に言った。

「ざまあみろ。ジニーに跳び蹴りされただろう」

「いいえ、ソッと髪の毛を撫でられて、気持ちが悪くて飛び起きちゃった」

当時は、二人とも朝早く起きるのは苦手だった。ジニーは、相手を見て起こし方を選ぶようだ。私の場合は、遠くからジャンプして、布団のど真ん中へのキック、妻の場合は、髪を優しくなでるだけ。とても勝ち目はなかったので、私の復讐は頓挫した。

振り返って見ると、ジニーにはさんざん悪戯された。

・ジニーの嫌いな女性が家に泊まった時、起きるのが遅いので、ジニーは布団の上からオシッコをたっぷりした。渾身の嫌がらせである。その女性は早々に家を出た。追い出しは成功である。
・知り合いが何度電話しても、しばらくは繋がるが、誰もでないという苦情があった。

我々はただちにジニーを疑い、「電話で遊んではいけない」と注意した。その後、電話のトラブルはなくなった。ジニーは電話が鳴ると、我々が受話器を取って話すことを観察していた。証拠はないが、ジニーも電話が鳴ると、受話器をくわえて取ったのだろう。口がふさがってしまうので、残念ながら、彼は何も言えなかったのだと思う。

・食事の後、私は爪楊枝を使い、使った印に二つに折っておく習慣があった。ある時、二つに折った爪楊枝が床に落ちていた。妻は私をだらしないと叱った。その後何日も、私は身に覚えがないのに叱られ続けた。ある日、食事の後、ジニーがイスに上り、素早く爪楊枝を一本咥えて、飛び降りた。ジニーは食事の終了の合図として、それを二つに折った。幸い、妻が目撃したので、私の嫌疑は晴れた。

・妻の母が来たので、ジニーに紹介した。ジニーは恥ずかしそうに逃げ隠れした。続柄を知っているかのようだった。また、足音だけでも人がわかるようだった。優しい人は、部屋に入った途端に付きまとったし、冷淡な人は無視した。

・ジニーはかまってもらえない時、和室の障子紙や土壁にしっかりと爪を立て、我々を見ながら、ゆっくりと深い傷をつけていった。ジニーはこれが悪いことだと知っていた。効果的な嫌がらせだった。

ジニーは、人間の反応を予期して行動した。自分がひどい目に遭ったと感じたら、容赦なく嫌がらせをした。どんな行動をすれば、一番効果があるか、十二分にわかっていた。人間の観察も鋭かった。電話、洗濯機、爪楊枝など、人間が使う物はよく観察していたし、人間の真似をした。もちろん、ドアのノブは回して開けた。私は猫は頭が悪いと思っていた。ジニーは、私の予想をことごとく裏切った。果たして、人間は猫より賢いのだろうか。

†動物は考えるか

人間は万物の霊長と言われる。辞書で調べると、人間は霊妙不思議な力を持ち、もっとも優れた生物であるという意味らしい。誰の言葉かはわからない。我がジニーに聞けば、即刻、人間ほど御しやすい愚かな動物はいないと、否定するだろう。ところが、心理学では長い間、動物には心がないと見なしてきた。それ故、自己意識もなく、考えて行動することはない。もちろん、言葉は理解できないし、習得も不可能である。動物は、単に、外的刺激に対して機械的に反応するだけである、と見なしてきた。進化心理学関係の論文を見ても、人間こそがもっとも賢いという根拠を求めて、探求し続けてきた印象を受ける。果たして、動物には思考能力がないのだろうか。

脳が賢さの源泉であれば、人間の脳が一番大きいはずだが、現実はそうではない。ロウスとディク[59]によると、鯨、イルカ、象など、人間よりも大きな脳を持つ動物が多い。表3・1に動物種ごとの脳の特徴を引用しておく。この表の分化指数は、標準的な種（ここでは猫）を脊椎動物の基準として、脳の大きさがどの程度変異しているかを示している。皮質性ニューロン数は推定値である。

人間の脳は一・二〜一・五キロと身体に比して巨大である。ニューロン数も一一五億と多い。しかし、鯨、シャチ、アフリカ象は、人間の数倍の脳を持っている。ニューロン数も同等程度である。つまり、脳の物理的特徴に基づいて、人間がもっとも賢いと、主張することはできない。

人間の近縁種、ゴリラの脳重量は〇・五キロ、チンパンジーは〇・四キロ前後と、人間の半分以下である。ニューロン数は、それぞれも四三億と六二億で、人間の半分弱もある。チンパンジーの方がニューロン数は多い。牛や馬の脳重量も〇・五キロもある。ニューロン数は、馬の推定値しかないが、それでも一二億ある。

身近な動物、猫を見ると、脳重量はたったの二五グラムだが、総ニューロン数は三億もある。犬の脳重量は猫の二〜三倍だが、ニューロン数は一億六千万と猫の半分である。狐も賢いと思うが、総ニューロン数の推定値は得られていない。

動物の賢さは、ある程度、脳重量やニューロン数に依存することは確かだろう。しかし、

種	脳重量（g）	脳の分化指数	皮質性ニューロン数（百万）
鯨	2600—9000	1.8	
シャチ	3650		10500
アフリカ象	4200	1.3	11000
人間	1250—1450	7.4—7.8	11500
イルカ	1350	5.3	5800
セイウチ	1130	1.2	
ラクダ	762	1.2	
牛	490	0.5	
馬	510	0.9	1200
ゴリラ	430—570	1.5—1.8	4300
チンパンジー	330—430	2.2—2.5	6200
ライオン	260	0.6	
羊	140	0.8	
旧世界猿	41—122	1.7—2.7	
赤毛猿	88	2.1	480
手長猿	88—105	1.9—2.7	
尾巻猿	26—80	2.4—4.8	
白顔尾巻猿	57	4.8	610
犬	64	1.2	160
狐	53	1.6	
猫	25	1.0	300
リス猿	23	2.3	480
ウサギ	11	0.4	
マーモセット	7	1.7	
キタオポッサム	7.6	0.2	27
リス	7	1.1	
ハリネズミ	3.3	0.3	24
ネズミ	2	0.4	15
ハツカネズミ	0.3	0.5	4

表3・1　動物種ごとの脳重量、分化指数、皮質性ニューロン数

人間の脳は最大の大きさではなく、体重比でも最大ではない。ただ、象や鯨に劣るものの、皮質性ニューロンの数は非常に多く、ミエリン繊維が太く、その割には脳はコンパクトなので、情報処理能力が高いのかもしれない。

†賢い馬——クレバー・ハンス

百年ほど前、かけ算や割り算の問題を与えると、足で正しい答えを叩いて答える馬がいた。飼い主がいない時でも、他の人が問題を出すと、正解を返した。つまり、飼い主が合図を送っているはずはなかった。馬に思考力があるとか、トリックであるという意見が飛び交い、ドイツで大評判になった。[60]

ハンスの飼い主は元公立中学校の教師フォン・オステン、六五歳前後の白髪の男性で、ハンスは黒毛の堂々たる雄馬である。フォン・オステンが優しい物言いで質問しては馬に答えさせている。正しい答えの時はパンやニンジンを与えるが、ムチで叩いたりはしない。

ハンスは口で答えられないので、主として右前足で軽く叩いて返事をする。「はい」は首を縦にふり、「いいえ」は首をゆっくりと横に振る。「上」「下」「右」「左」は頭をそれらの方向に振るが、驚いたことに、ハンスは自分に質問する人の立場に置き換えて答える。

数を数える問題では、ハンスは一〜一〇〇までの自然数を意のままに答える。例えば、その場にいる人の総数、男女の数、帽子、傘の数など、別々に足で叩いて答える。もちろん、基本的な加減乗除はできるし、分数を小数に変換したり、その逆もできた。ハンスはドイツ文字ならすらすら読めた。ハンスの目の前に単語を書いた厚紙を何枚か一列に吊して、一つを読み上げると、ハンスはその厚紙の所に行って鼻で触った。また、ハンスは、驚異的な記憶力があるらしく、貨幣を見せると、その価値を叩いて示すし、カレンダーや時計の知識もあった。

要するに、ハンスは、口で話せないという以外、本質的に人間と少しも違わなかった。当時の教育者たちによると、人間の一三〜一四歳の子供に匹敵する能力を備えていたように見えた。

謎が解明されたきっかけは三つあった。第一は、動物学者シリングスの登場である。シリングスはハンスの行動はトリックだろうと考えていた。それで彼は、飼い主がいない時に、ハンスに何度も問題を出して試した。すると、度々正しい答えが返ってきた。それでトリックでないことを確信するようになった。第二は、一九〇四年の「九月鑑定書」で、自発的に集まった一三名の委員会で、トリックは否定され、「現在知られている類の無意図的な合図」も関わっていないと結論された。第三は、一九〇四年の「一二月鑑定書」で、プフングストたちが実験的・科学的研究を行い、特殊な視覚的刺激が関与していることが明らかになった。

ここでは、前足で叩いて応答する問題群の場合の研究のみを紹介しておこう。

思考力が備わっているか？　質問者と見学者全員が知らない問題を出して四九回の実験を行った。例えば、ハンスに数字を書いた厚紙を見せ、数字の数だけ叩くように命令した。質問者側全員が知らない場合の正答率は八％、一方、全員が答えを知っている問題を出した場合の正答率は九八％であった。

いかなる刺激が関与しているか？　視覚を介しているか否か、目隠し革を装着して一〇二回の実験を行った。ハンスが質問者を見なかった場合の正答率は六％、見た場合の正答率は八九％であった。

合図の発見と確認　質問者の頭の微細な動きが有効な合図であることが観察からわかった。つまり、質問者は質問を言い終わると、頭と上体をわずかに前方に向ける。すると、ハンスは、右前足を前に出して叩き始める。ハンスの叩く数が質問者の期待する数に達すると頭を極めて僅かに一度ピクッと上方へ動かす。すると、ハンスはただちに右足を大きく弧を描くように動かして元の位置に戻す。三名が質問者になって、この動きを確認した。

合図の意図的な操作　質問者が直立したままだと、一度も答えが得られなかった。質問者が僅かに身体を前に傾けると、質問しようとしまいと、ハンスは即座に叩き始めた。頭を少し下げるだけでも良かった。一度叩き始めると、質問者が姿勢をまっすぐにするまで叩き続けた。

プフングストの報告書が出た後、フォン・オステンはすっかり落胆し、ハンスを呪って売り払い、傷心のあまり肝臓病にかかり、一九〇九年に亡くなってしまった。しかし、一方、売られたハンスは、他の馬と共に、高度な数学を解く芸当を披露し続けたという。

残念なことだが、ハンスは人間の言葉をまったく理解していなかった。ただ、僅かな身体の動きを敏感に知覚し、理解しているかのような行動をとっただけであった。これは、飼い主のフォン・オステンが入念に組織的な訓練を行った結果ではなく、偶発的な教育の結果であった。ハンスの能力は見せかけに過ぎなかった。しかし、人間の意図や願望を読み取っていたことは確かであり、その意味では賢い馬であった。

†機械論的学習理論

一九世紀の末から二〇世紀の初め、学習理論で有名だったのは、アメリカのソーンダイ

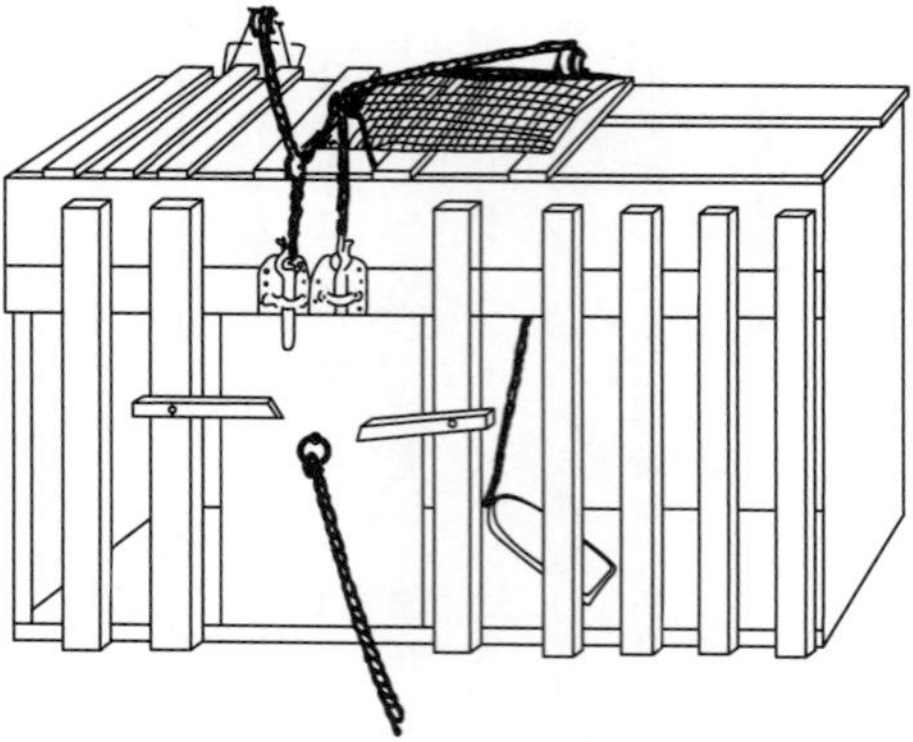

図３・１　ソーンダイクの問題箱の一つ。箱の中に仕掛けられた掛け金のヒモを引っ張ると戸が開く。

クである。動物を使った実験研究から、辞書の編纂、知能テストの作成まで、幅広く活躍した。ソーンダイクは、ワトソンが一九一三年に行動主義心理学を提案する二〇〜三〇年前から、客観的な立場で、心理学の研究を行っていた。

要素論的、機械論的アプローチではあったが、研究の幅は非常に広かった。英語能力＝語彙《ごい》能力と考えて、英語教育のために出現頻度の高い語彙を集めて辞書を編纂し、ベーシック・イングリッシュの元を作った。その辞書から旺文社は大学受験用の豆単を作った。今でも受験用の単語集は、ソーンダイクの思想の元にあると言える。

心理学では、ソーンダイクは試行錯誤学習の提案者として知られている。問題箱[61]を図３・１に示しておこう。猫をこの箱の中に閉じ込めると、最初はひっかいたり、かみついたり、暴れるが、偶然にヒモが引っ張られると、戸が開くので脱出に成功する。ソーンダイクは、何度も猫を問題箱に閉じ込めて、脱出時間を測定した。全体として、脱出時間の減少はゆっくりと進む。

ソーンダイクによれば、これは猫が問題箱の構造を理解していないことを示す。もし、理解が伴っていれば、脱出は突然成功し、その後、失敗することはないはずである。つまり、学習は、偶発的に起こった正しい反応に報酬が与えられ、正しくない反応が徐々に消し去られることによって成立する。つまり、満足を伴う反応は、その場面と結合し、不満足な反応は、その場面との結合がゆるめられる。ソーンダイクはこれを「効果の法則」と名付けた。

ソーンダイクの理論は「結合説」とも呼ばれる。様々な場面との「結合」が多い人は頭の良い人であり、英語能力の高い人は単語と場面との「結合」が多い人である。ソーンダイクの結合説は、かなりの説明力を持つが、もちろん、問題がない訳ではない。

ソーンダイクは生態学的な妥当性をまったく考えていない。人間でも、突然、有無を言わさず特殊な部屋に監禁されたら、試行錯誤的な脱出行動を試みるだろう。猫でも同じである。猫が試行錯誤的な行動をとったからと言って、洞察力や思考能力がないとは言えないはずだ。

†類人猿の知恵試験

ドイツのゲシュタルト心理学者ケーラーは、ソーンダイクの機械論的な学習理論に真っ向から対抗した。連想心理学は知的行為を連合に還元するという理論であるから、知的行動と非知的行動とを区分しない。それで、犬や猫の行動に知性がないと結論するソーンダイクは、理論的には矛盾していると批判した。

一九一七年にケーラーは『類人猿の知恵試験』(宮 孝一(訳)岩波書店、一九六二年)を公刊し、チンパンジーの知的行為を直接的に取り扱った。「ズルタン」(サルタン、トルコ皇帝の意味)というチンパンジーを使った道具の使用や道具の製作等が有名である。ただ、回り道課題では、チンパンジー以外に、比較のために、犬、人間、鶏なども利用した。

道具の使用　バナナを実験場に非常に高く吊した時、ズルタンは数回むなしく飛び上がった後、付近にあった棒をとって差し上げた。その後、棒をバナナの下に立てて登る試みを行った。一〇日ほど後、ズルタンは、決然として棒を立てて、その上によじ登って、離れ際にバナナをもぎ取った。

葦の接続　ズルタンが檻にいる時は、バナナは手を伸ばしても届かない所に置かれていた。檻の中には二本の葦《あし》があった。葦でバナナを近くに動かそうとしても届かない。ズルタンは両手でそれぞれ葦を持つと、目の前で一直線になる状態が現れた。細い方を少し太い方の口に入れて、長い葦にした。ズルタンはその葦でバナナを引き寄せようとしたが、差し方が浅かったので失敗した。その後、ズルタンは太い葦に細い葦を突き刺す方法に習熟し、非常に生き生きとした表情で、すべての果物を次々と引き寄せた。ズルタンは三本の葦を接続して果物を引き寄せることにも成功した。

箱の積み上げ　ズルタンが檻から出ている時、天井の高い位置にバナナを吊した。ズルタンが飛び上がっても捕れない。近くを見渡すと、木の箱がいくつもあった。ズルタンは木の箱をバナナの下に置き、踏み台にして取ろうとしたが、届かない。そこで、ズルタンは木の箱二つを積み上げて、それらを踏み台にしてバナナを手に入れようとした。やはり届かない。次に、第三の箱を積み上げて、バナナを手に入れた。

人間の道具的利用　興味深いのは、ズルタンが番人をバナナの下に連れて行こうとしたことである。ケーラー博士はズルタンの意図を見抜き、ズルタンの意図通りにさせたが、背に登ったらすぐにかがめと指示した。ズルタンは番人の尻を押して強く押し上げようとした。ズルタンは、再三、番人やケーラー博士を踏み台代わりに使おうとした。

ケーラーは実験結果を素朴に解釈し、チンパンジーが頭の中で考えて「洞察」して問題解決が行われると考えた。当時、心理学は、行動主義が主流で、客観的な観察可能な行動のみを研究の対象としていた。ケーラーの「洞察」には強い反発が生まれたが、その後、アメリカのヤーキーズらが類人猿研究を引き継ぎ、心理学に大きな影響を与えた。

†類人猿に「言語」を教える

一九二五年、ヤーキーズは『オールモースト・ヒューマン』という本の中で、類人猿は言語形成に必要な潜在的能力を備えてはいるが、発声器官の構造的な特徴が、発話の障害になっている、しかし、自分について表現したい欲求は持っているので、「ろうあ者のように指を使うという訓練を行うことがたぶん可能だろう」と記述した。このヤーキーズのアイデアは四〇年後に検証されることになる。

一九三〇年代、ケロッグ夫妻は自分の息子と一緒にグアという雌のチンパンジーを育てた。グアは一六ヶ月の時に約一〇〇の単語を理解したが、話すことはなかった。息子とグアが楽しそうに手を繋いでいる写真が残っている。二人は非常に仲が良かった。グアの方が成熟が早く、ケロッグ夫妻の息子に大きな影響を与えた。息子は、チンパンジーの言語を学習したようで、人間の言葉の習得が遅れてしまった。そのために、実験は中断した。

一九四〇年代にはヘイズ夫妻もヴィッキーというチンパンジーを家庭で育てた。ヴィッキーは非常にたくさんの言葉を覚えた。しかし、言葉を喋るのは難しく、「パパ」「ママ」「カップ」という単語が発音できただけであった。幸い、ヴィッキーの行動はフィルムに記録された。

†手話を教える

一九六六年、ガードナー夫妻[62]は記録フィルムを観察し、ヴィッキーは喋れないものの、人間の言葉はよく理解していると考えた。そして、ヤーキーズのアイデアを実行に移すことにし、アメリカの手話（ASL）を教えることにした。チンパンジーの名前はワショー、野生の新生児で、推定年齢は八～一四ヶ月である。

ワショーはガードナー家の裏庭のトレーラーハウスで育てられた。ワショーには繰り返し手話が教えられ、うまくいけばおやつが与えられた。オペラント条件付けの原理である。人間同士の会話も、通常の言語ではなく、手話を用いた。ワショーは最初はゆっくりと、その後、急速に語彙を増やした。二二ヶ月で三〇のサインを習得し、一九七〇年には一五〇となった。

その後、チンパンジー同士の会話にも手話を使ったり、ゴリラにも手話を教える研究も行われた。人間と類人猿の会話に成功したかに見えたが、不特定の人との会話は難しいし、サインの読み取りも研究者の主観性に影響された。記録映像の分析でも、ワショーの行動が、手話か延滞模倣に過ぎないのか、弁別は難しかった。

†彩片語を教える

一九六七年、プリマック夫妻は、重度の障害児に教える言語を工夫して、プラスチックのシンボルを並べる彩片語を考案し、チンパンジーのサラに教えることにした。[63] プラスチックのシンボルは一つが一つの単語（名詞、動詞、概念／条件、形容詞）を表し、それを順に並べる（白板に磁石で貼り付ける）と、文章が構成できる。つまり、

［サラ］［入れる］［リンゴ］［バケツ］［バナナ］［皿］

とあれば、サラはリンゴをバケツに入れ、バナナを皿に乗せる。［同じ］と［違う］に関しては、［リンゴ］［同じ］［リンゴ］、［リンゴ］［違う］［バナナ］と中間に記号を導入して訓練した。一種の条件付け学習であるが、このような方法で、概念を導入し、さらに

疑問文や条件文をも教育した。その結果、サラは一三〇語の語彙を習得し、七五〜八〇%の正解率で、使用できるようになった。また、色の分類概念や否定概念も教育し、数概念も直接的に研究できた。サラの言語能力は二歳児に決して劣らなかったという。プリマック夫妻の彩片語は、複雑な条件文まで記述可能で、かつ、記録が明確なため、チンパンジーの言語能力を厳密に研究できる利点があった。ただ、実験室的な人工言語であり、単に複雑な条件付けの結果にすぎないかもしれない。

†レキシグラムを教える

一九七〇年代前半、類人猿の「言語」教育は、一種のブームとなった。ヤーキーズ霊長類研究所のランボーら[64]も、プリマック夫妻の彩片語の成功に刺激され、絵文字をコンピュータのキーボードに並べ、一定の手順で叩くことで、文章を綴るレキシグラムを考案した。入力は完全にコンピュータに記録されるので、客観的な分析が可能である。レキシグラムの文法は、図3・2に示した。

チンパンジーの名前はラナ、二歳半のチンパンジーで、半年間の言語訓練が行われた。ラナは複雑な人間の言語様のレキシグラムをマスターしたが、ラックマンら[65]は、ただちに否定的な論評を行った。プリマックの研究は、人間の子供が言語を学ぶ状況とまったく異なるし、ランボーの研究は、ラナがラベルや文法をマスターしたという証拠がないと、痛烈に批判した。

†「言語」教育の衰退

アンダーソン[66]は、ホケットによる以下のような人間の言語の基準を引用し、類人猿の「言語」研究を批判した。

単位の意味性と恣意性　単語が意味を持っていて、音声との関係が任意であること。

離散性　単語という単位があること。ミツバチのダンスには単語がないので、言語から除外する。

置き換え　直接的な刺激がなくても生成される。この基準で、サルの警戒信号を言語から除外する。

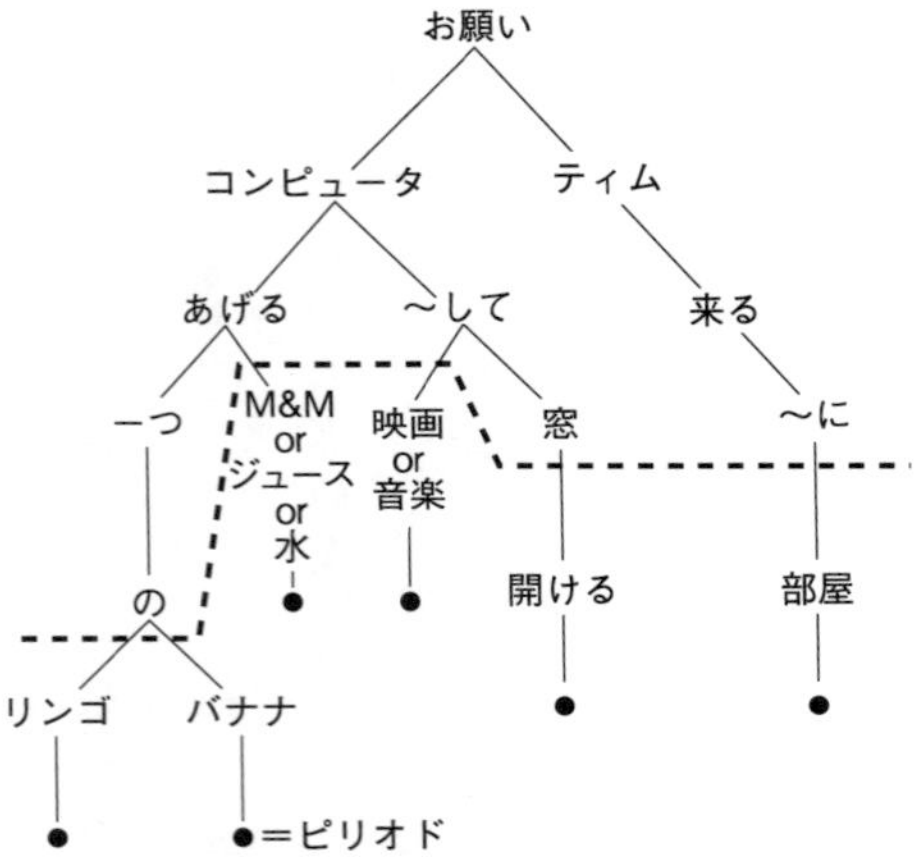

図3・2　ラナの言語訓練。［お願い］以外はラナが操作して文章を綴る。［ピリオド］は文章の終了の印。波線の下には、表示以外のオプションの単語がある。

産出性　無限の新しい表現が産出できること。この基準で、サルの警戒信号を言語から除外する。

繰り返しと再帰　文の末尾に付け足して文を作るのが繰り返し。ある構造の中に同種の構造を埋め込むのが再帰。この基準をクリアする言語は人間のみである。

アンダーソンは、産出性、再帰、繰り返しの基準を適用するなら、チンパンジーが言語を習得していないのは明白である、しかし、この反論は不当かもしれない、人間でも一〇年間の言語訓練の後、このような基準が初めて獲得される、これほどの訓練を受けた類人猿はいないと主張した。このアンダーソンの留保は、松沢によって、二〇年後に確認されることになる。

†アイ・プロジェクト

京大霊長類研究所の松沢[67]は、レキシグラムを改良した独自の図形文字システムを考案し、二〇年以上にも渡って教育を行い、チンパンジーの心を探求した。それがアイ・プロジェクトである。プロジェクト名のアイは、チンパンジーの名前である。アイの認識の世界を少し紹介しておこう。

数の認識　キーボードにでたらめに数字を配置して、具体的な物を見せて数を教えた。その後、ディスプレイ画面で白点を数える課題を行った。一〜九の数の命名は九五％の正解率に到達した。同じ課題を大学院生に与えると、ほぼ同じ成績だったが、アイの方が速かった。反応時間を調べると、直感的把握と数え上げの二重戦略を用いていた。三つの数の大小関係の反応時間を調べると、アイは、小さな数字から大きな数字へと、順に選んでいることがわかった。

色の認識　まず、一一の色彩基本語をアイに教えた。マスターしてから、様々な色を見せて、どの色であるかを答えさせた。見せた色は四〇の色相、二一五枚の色である。比較のために人間でも研究した。命名の安定度は八〇％で、人間と変わらなかった。色のカテゴリーも人間とほとんど変わらなかった。チンパンジーは、日本人と比べると緑の領域が青の方に広がっていたが、色彩認識は人間と共通していた。

文字の見え方　見本あわせ課題を教育した。誤答分析によると、アルファベットやアラビア数字の見え方は人とよく似ていた。文字の大きさを変化させ、視力を調べると、一・五となり、人間とよく似ていた。

人とチンパンジーの認識　人やチンパンジーの写真に名前を付けて学習させ、写真を見せて誤答分析をした。すると、チンパンジーにとっては人の識別が難しく、チンパンジーの識別は簡単であることがわかった。逆さま写真だと、人の場合、認識が低下するが、アイは逆さまの写真でも素早く認識できた。これは、チンパンジーの生態学的な適応のためだと思われる。

言葉の構造　数、物、色の記述には一定の順序があった。アイは五本の赤い歯ブラシがある時、［赤］・［歯ブラシ］・［五］、または、［歯ブラシ］・［赤］・［五］、と答えた。一つの物を尋ねる時でも、［青］・［歯ブラシ］・［二］、［スプーン］・［黄］・［二］、と必ず数を最後にした。生得的な生成文法が人と異なっているということだろう。

記号操作　具体的な対象、たとえば実物のリンゴを見せた時に、記号素からリンゴの図形文字を作るという課題をさせた。リンゴは二試行目、バナナは三試行目、ニンジンは一試行目でできた。アイの記号操作を言語学的なアナロジーで表現すると、語を重ねて句や文を作ったり、語そのものを記号素から作り出すことに成功した。

松沢は、アイは決して天才ではないという。アイは人工的な環境で、人工言語を学習したが、その言語を創造的に発展させる能力を証明したといえる。

†心の理論とは

「心の理論」は、一九七八年のプリマックとウッドラフ[68]の「チンパンジーは心の理論を持つか」という論文で初めて使われた用語である。プリマックらは、「人は、精神状態を自分や他人のせいにするなら、心の理論を持つ。そのような状態は、直接観察できないので、この種の推論を理論と考えるのが正しい」という。つまり、「心の理論」とは、自分や他人の心の状態を理解する能力のことで、「理論」の細部まで規定した用語ではない。

ケーラーは、チンパンジーが食べ物を捕るのを妨害して、どのように問題を解決するかを研究したが、プリマックらは、人が類似の問題で困っている場面のビデオをチンパンジーに見せて、どう思うかを聞いた。具体的には、バナナが天井からぶら下がっているが手が届かない、檻の外にバナナがあるが届かない、バナナは檻の外で邪魔な箱が手前にある、バナナは檻の外で邪魔な重いコンクリート・ブロックが乗った箱が手前にある、という四つの場面である。チンパンジーは一四歳のサラであった。トレーナーはサラに三〇秒間のビデオを見せて、解決策を示す二枚の写真を見せて、サラに一枚を選ばせた。サラはこれらの問題を正しく解答した。

古典的な連合学習で説明する方法はあるが、新規の事態への対応を説明できない。プリマックらは「心の理論」や「共感性」を説明原理に取り上げて、チンパンジーは人に自分の心の状態を帰属させて問題を解いたと考えた。

†チンパンジーは心の理論を持つか

コールとトマセロ[69]は、その後の三〇年間の「心の理論」研究を総括した。コールらによると、プリマックらの「心の理論」実験は、おそらく実験的、人為的な産物である。しかし、チンパンジーが心の理論を持つか否かに対しては、大部分の場合は持つと結論してもよい。多くの研究から、チンパンジーは、他者の意図や目標を理解しているし、他者についての知識もある。

目標や意図を調べる実験をまとめておこう。

・食べ物を得る／見つける

1　実験者が食べ物を与えたくない時に、強く要求し、実験者が食べ物を与えられない時に早く離れるか。

2　箱を意図的に選ぶか、もしくは、偶発的に選ぶか。

3　実験者が食べ物の箱を開けようとしている時に傍にいて、箱で遊んでいる時に早く離れるか。

・パートナーの行動への反応

1　実験者が取ろうとしている物を取ってあげる。

2　他の人に取られそうな時には、先に食べ物を取る。

3　実験者が潜在的な目的に基づいて行く時に、先取りする。

4　食べ物が盗まれた時は、取った人に仕返しする。しかし、盗まれた食べ物を受け取っただけの人には仕返ししない。

・模倣

1　失敗した行動を観察して、ふさわしい行動を起こす。

2　偶発的な行動よりも意図的な行動の真似をする。

3　環境に強制された行動ではなく、自由に選ばれた行動の真似をする。

模倣の実験条件は、条件付け行動などでは説明できない。チンパンジーも人の幼児と同様に、他人の行動の意味、行動の目的、行動の意図なども理解していると考えられる。

他者についての知識を調べる実験もまとめておこう。

・視線の追跡

1　自分の背後の遠い所に向かう視線を追う。

2　顔と目の方向に基づいて視線を追う。

3　視線の標的に何もないと、見つめている人を点検する。

4　視線の標的に何もないと、数試行で見るのをやめる。

5　視線の標的の方向に妨害物を置いても無視する。

6　不透明な障害物があり、そこに窓がない限り、注視の中断を理解する。

・ジェスチャーによるコミュニケーション

1　同じ種の個体か実験者と向き合っている時に視覚的なジェスチャーを行う。

2　ジェスチャーする時には相手の前に立つ。

3　相手の顔と目の向きに合わせて、ジェスチャーする。

・食べ物競争

1　実験者が見ていない時に食べ物を取る。
2　強い個体か実験者が見ていない時に食べ物を取る。
3　食べ物へのアプローチを視覚的に隠す（障害物を置く）。
4　食べ物へのアプローチを聴覚的に隠す（音のしないドアを使う）。
5　強い個体が見ていない時に隠された食べ物を取る。
6　競争者が食べ物を最初に取れば、競争者が隠されていた食べ物を見て選んだことがわかる。

チンパンジーは視線を追跡することができるし、ジェスチャーを人間の幼児と同様に行う。また、食べ物の競争でも、競争する相手の視覚、聴覚、知識を理解して行動している点も人間と同様であった。

†他者の誤った信念を理解する

誤信念課題は、ヴィマとパーナー[70]の幼児向けの実験が有名なので、紹介しておこう。

1　主人公がある物を場所Xに入れる。

2　主人公がいない時に、登場人物が物を場所Xから場所Yに移す。
3　再び、主人公が部屋に入ってくる。
4　上記の内容を紙芝居や人形劇で幼児に教えて、主人公がどこを探すかを聞く。

主人公はある物を場所Xに入れたので、場所Xを探すはずである。ところが、ヴィマとパーマーの実験によると、三～四歳児の正答率はゼロであった。つまり、三～四歳児は主人公の心が理解できない。四～六歳児の正答率は五七％、六～九歳児の正答率は八六％であった。被験者は各群一二名、計三六名であった。チンパンジーがこの種の誤信念課題が解けるという実験的証拠は、今までのところ報告されていない。

†一五ヶ月児ができた

長い間、誤信念課題は幼児でも五歳以上でないと解決できないと、信じられてきた。ところが、二〇〇五年のオーニシとバヤールジョンの論文は[71]、これが誤りであることを明らかにした。彼らは注視時間という指標を使い、一五ヶ月児五六名で、スイカの移動実験を行った。実験の概要を紹介しておこう。

図3・3　Aは馴化試行1で、Bも馴化試行2、3。淡いグレーの箱は黄色い箱、暗いグレーの箱は緑の箱を指す。

馴化試行1　黄色と緑色の箱、真ん中にスイカのオモチャがあり、後に衝立がある。箱は向かい合っている部分が開いている。その後、主人公が衝立を開けて登場する。主人公はスイカでしばらく遊んで、それを緑色の箱に隠して、じっとする。（カーテンが下りる。）

馴化試行2、3　主人公はついたてを開き、緑色の箱のフタを開けて、先ほど入れたスイカのオモチャを掴むように手を入れて、じっとする。（カーテンが下りる。）馴化試行の状況を図3・3に示す。

信念導入試行　主人公の信念が正しい場合と間違っている場合、黄色の箱と緑色の箱の場合の、計四つの条件がある。信念導入試行の状況を図3・4に示す。

正信念緑色条件では、箱の後に衝立はある

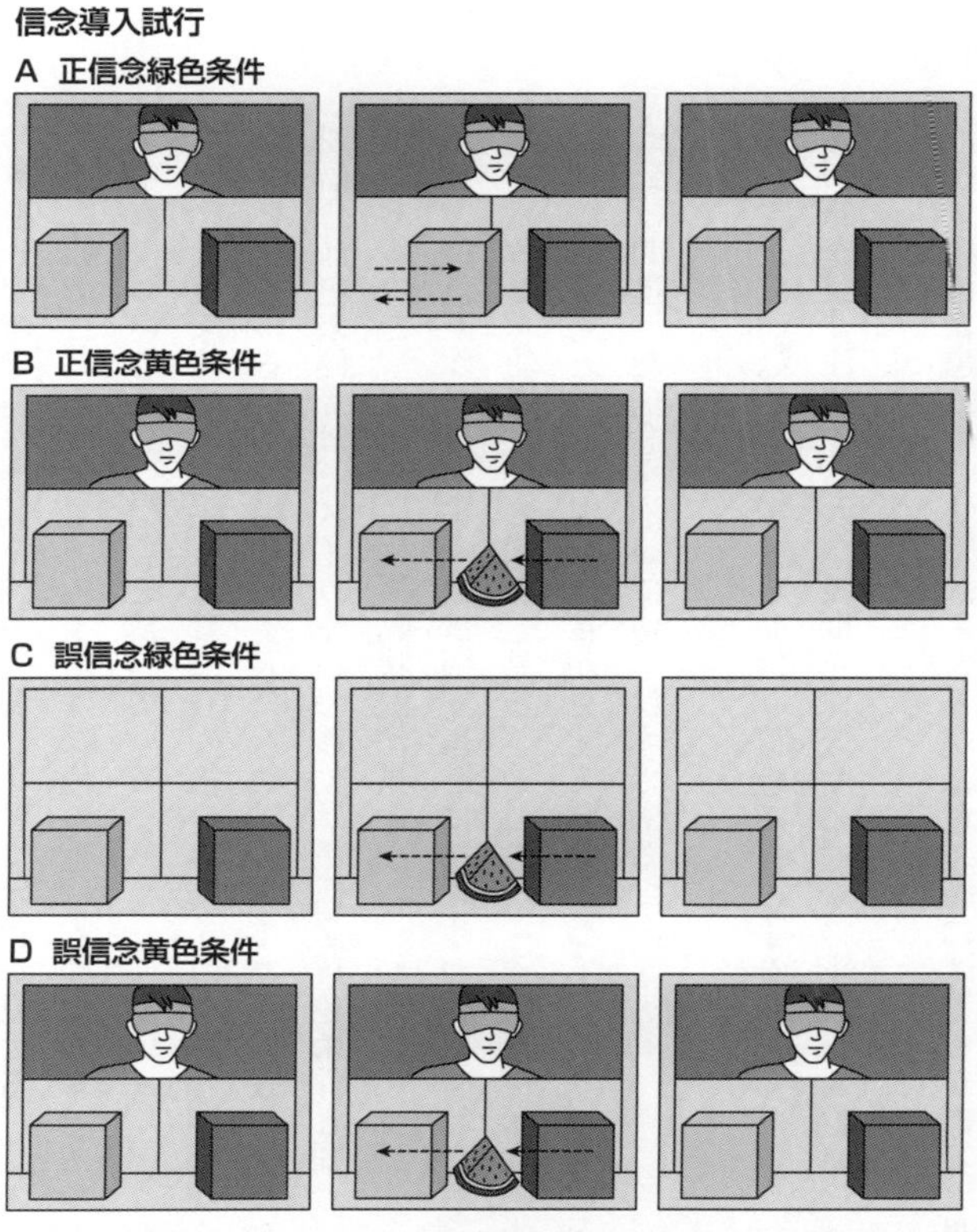

図３・４　四つの信念導入試行の状況

が、下半分なので高さは低い。主人公と幼児には箱が見える。この状態で黄色の箱を中央部に動かし、元に戻す。スイカは緑色の箱に入ったままである。この時、主人公はスイカについて正しい信念を持っている。

正信念黄色条件では、主人公は衝立の後からスイカが緑色の箱から黄色の箱に移動したのを見ている。この場合、主人公も幼児もスイカの位置が変わったのを見ている。

誤信念緑色条件では、スイカや箱の移動は正信念黄色条件と同じであるが、衝立が上まであるので、主人公には移動状況が見えない。幼児にだけ見える。

誤信念黄色条件では、主人公は衝立越しにスイカが緑色の箱から黄色の箱に移動するのを見るし、幼児もその様子を見る。ところが、その後、衝立の上部を閉めて、主人公には箱が見えず、幼児だけ箱が見える状態にして、スイカを移動する。この時、主人公は間違った信念を抱いているはずである。

テスト　主人公が緑色の箱、もしくは、黄色の箱に手を入れる状況を示して、幼児がどちらの箱を長く注視するか、時間を測定する。テスト状況を図3・5に示す。

正信念緑色課題では、幼児は主人公が緑色の箱にスイカがあると思っている。注視

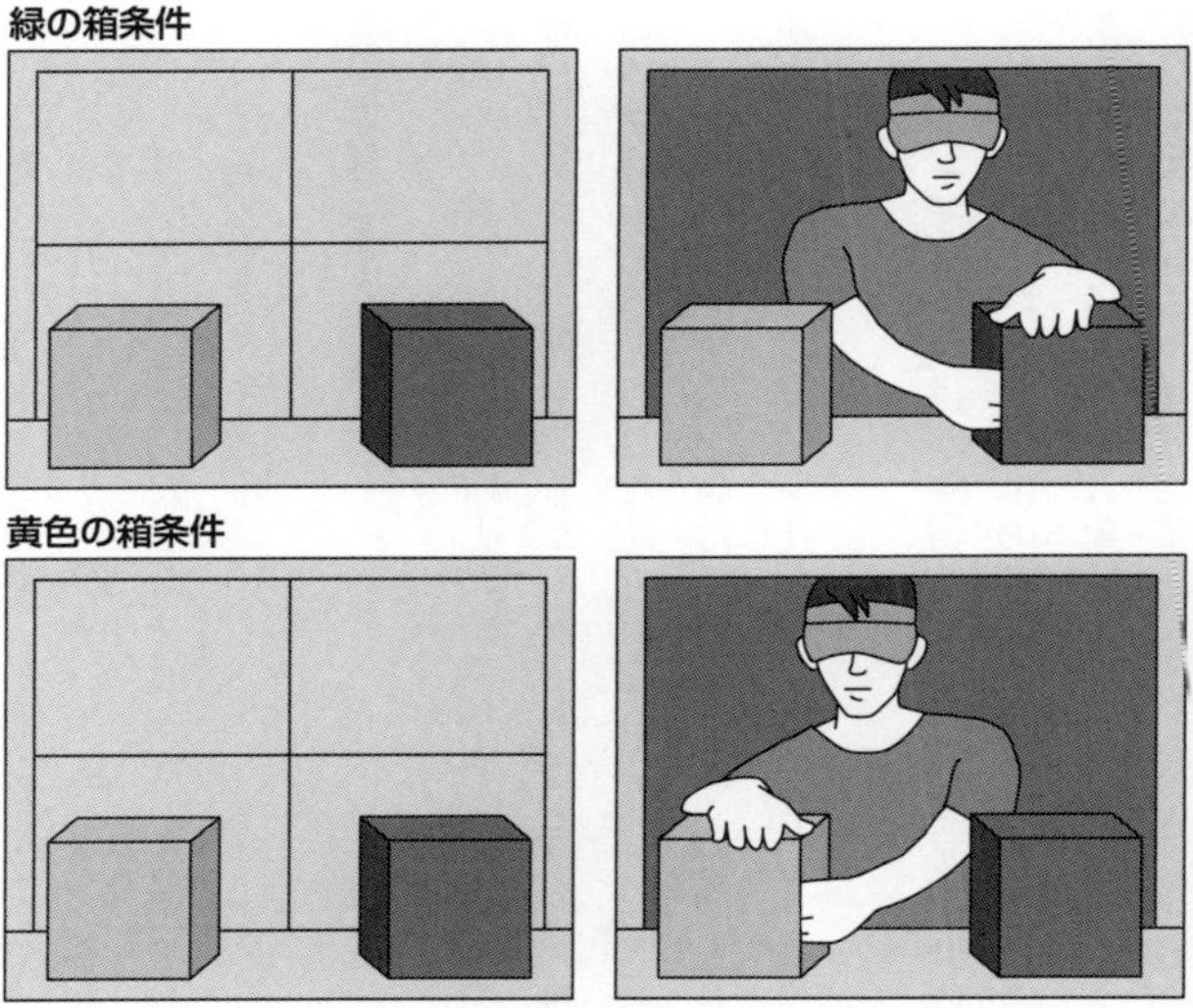

図3・5　テストの状況。主人公が緑の箱、もしくは、黄色の箱に手を入れる。

時間を調べると、黄色の箱が約一八秒、緑色の箱が一一秒であった。正信念黄色課題では、黄色の箱が約九秒、緑色の箱が約一八秒であった。幼児は、主人公がスイカがないと思っている方の箱を長く注視していた。

　一方、誤信念緑色課題では、ついたてが閉まっていて、幼児だけがスイカが黄色の箱に移動したのを見ている。主人公が現れた時、幼児の注視時間を調べると、黄色の箱が約二七秒、緑色の箱が約一八秒であった。また、誤信念黄色課題では、黄色の箱が約一一秒、緑色の箱が約二〇秒であった。いずれの場合も、幼児は、主人公がスイカがないと思っている方の箱を長く注視していた。

誤信念課題は、人なら一五ヶ月の幼児でも正しく理解しているが、チンパンジーでは困難なようである。

†心の理解に関する仮説

「心の理論」は三〇年以上の歴史があるため、研究の蓄積も多く、教科書にも記載され始めた。しかし、他者の心が理解できると「心の理論」があると説明されるが、「心の理論」自体が詳しく解明された訳ではない。内容は曖昧で、事後説明的な印象を受ける。

心の理解に関する学説は、他にも多く提唱されている。子安・木下[72]によると、モジュール説、理論説、シミュレーション説、相互主観性説に分類されるという。

・モジュール説は、生得的なモジュールを基礎に置き、さまざまな社会的発達にも、生得的なモジュールが存在すると仮定する。心の理解は心の理論として考えている。子供のふり遊びは、メタ表象（イメージに関するイメージ）を算出することによって可能になると考える。

・理論説は、心の理論は生得的ではなく、子供の能動的な理論形成として考える。ふり遊びにメタ表象は不要で、子供は仮定的な状況をイメージするだけであるという。

・シミュレーション説は、自分の心の観察経験から、他者の心的状態をシミュレーションで理解するという仮説である。この説に基づくと、心の理解は心の理論とは関係しないし、ふり遊びにメタ象徴も必要としない。

・相互主観性説は、自分の心は観察可能で、他者の心も一部観察可能と仮定する。他者の態度を積極的に取り入れることによって、ふり遊びなどが可能になるという。

どの仮説が正しいのか、不明である。ただ、個人的にはシミュレーション説が理解しやすい。

第４章
意識の謎

†意識を失う

受験勉強をしたばかりに、立派な高校に入ってしまった。参考書を一〇冊ばかり勉強しただけで、成績はトップに躍り出た。先生方は手の平を返したように誉めてくれた。今までは無視されていたので、あまり良い感じはしなかった。覚えた参考書だって本当のことが書いてあるか、分からない。少し芸達者になっただけである。ただそれだけである。立派な高校生にはなったが、しっかりとニヒリズムに捕らわれていた。教科書には本当のことが書いてあるのだろうか。確認するすべはない。とりあえず、勉強はやめた。身体を鍛えようと思って、陸上競技部に入った。

母親が働いていたので、食事はぞんざいで、栄養失調すれすれである。夜更かしの癖も直らなかった。陸上競技部に入り、ハードな練習を数ヶ月続けると、身体がおかしくなった。練習中に、脚がけいれん気味になり、しびれて歩けない。無理に歩きながら耐えているうちに治った。こんな発作が数回あった。次第に、この発作が拡大した。しびれが脚の先端から太ももへと広がった。腕にもしびれが現れた。これもなんとか、耐えているうちに治った。一週間ほど経つと、今度はしびれとけいれんの範囲が拡大し、両手両足の先端から腹へ、そして、胸にまで達した。そこで、気を失って倒れた。たぶん、全身が硬直した状態で、仰向けに倒れたと思う。目も開いていたかもしれない。

　どれくらいの時間、意識がなかったのか、分からない。少なくとも一〇分以上、完全に意識が無くなっていたと思う。意識を取り戻す感覚は、睡眠から醒める時とは違う。まず、暗闇の中でわずかに意識が芽生える。目は見えない。周りは真っ暗である。かすかに、遠くから人の声が聞こえてくる。私の事を心配してくれている仲間の声だ。途端にうれしさがこみ上げてきた。しかし、声は聞こえるが、何も見えない。身体も動かせない。返事もできない。声は理解できるが、何もできない。意識はあるが、ほぼ死んでいる状態である。

　わずかに視野の中心部に光が射してきた。深い海底から空を眺めるような感じである。しばらくして、急速に視覚を取り戻した。生き返ったようだ。うれしくなってしゃべろうとしたが、口はうまく動かない。「しゃべるな。じっとしていろ」と命令された。やはり、死にかけていたようだ。仲間の表情が普通ではなかった。それで口をつぐんだ。数分、マッサージを受けると、身体の硬直状態が弛んできた。ようやく生き返った。

　数日後に病院に行き、検査を受けた。担当の医師は「脚気《かっけ》の気がある」と言っただけで、ビタミン剤を処方した。その後、自分なりに調べてみると、やはり重度のビタミンB_1欠乏症（脚気）で、神経と心臓がおかしくなり、死にかけたと確信した。

　私の臨死体験を振り返ってみよう。私は、一時的に心停止の状態になった。酸素を断たれた脳は、ダメージを免れようと、すぐさま活動を停止したのだろう。そのために、鮮やかな幻覚も見なかった。数分後に心臓が動き出し、脳に酸素が供給されはじめると、脳は活動を開始した。まず、側頭葉の聴覚中枢が復活し、付随して言語能力が蘇った。この時点で、声は聞こえて理解できるが、話せない状態である。そのうちに血流量が増し、後頭葉の視覚中枢が蘇り、視覚を取り戻した。同時に、前頭葉と頭頂葉の運動中枢も復活し、不完全ながら発話を試み、それが制止されたという訳だ。

†意識の神経心理学

意識には、聴覚、言語、視覚などのマクロ的な成分があり、その成分は、さらに細かなパートに分かれている。つまり、意識は細かな精神機能の集合体であろう。ところが、意識についての書籍は、概念的、哲学的なものが多く、心理学の教科書等でも、説明されることはない。

しかし、最近では、神経心理学の研究が蓄積し、意識の研究が盛んになってきた。同時に、単行本で「意識」のみをあつかった本も多くなった。最近の書籍では、リベットの『マインド・タイム―脳と意識の時間―』（下條信輔（訳）岩波書店、二〇〇五年）や、コッホの『意識の探求―神経科学からのアプローチ―』（土谷尚嗣・金井良太（訳）岩波書店、二〇〇六年）などがある。意識は、ようやく、科学として取り扱えるようになった。ここでは、これらを足がかりに、いくつかの知見をまとめておこう。

†五〇〇ミリ秒の遅れ

一九五七年頃、リベットは、脳の外科手術中に、脳の実験的研究をする機会に恵まれた。患者の同意の元で、脳に直接的に弱い電気刺激を与えて、それが、どのようにして意識化されるかを研究した。大脳の感覚皮質（中心溝に接する部分）に電極を付けて弱い電気刺激を与えると、患者はチクチクした感覚を報告する。つまり、この部分は、身体や皮膚からの感覚入力を処理する部分なので、患者は対応する部分が刺激されたと感じる。

東京都神経科学総合研究所が作成した大脳の図を図4・1に示す。前頭葉は行動や思考の計画に関係し、意志や感情をつかさどる。側頭葉は聴覚や記憶

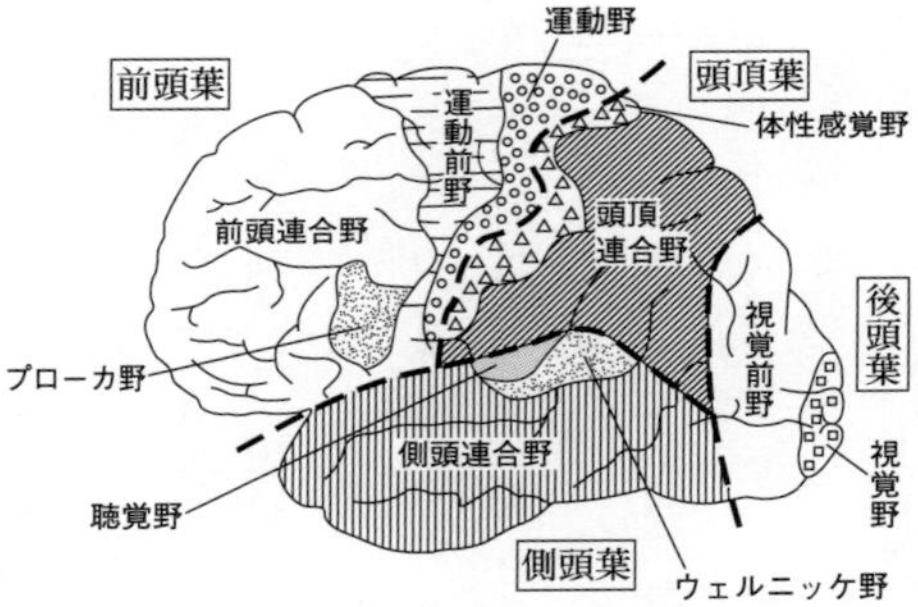

図4・1　人間の大脳を横から眺めた図（東京都神経科学総合研究所によるものを元に作成）

の中枢があり、後頭葉には視覚の中枢がある。頭頂葉のローランド溝の前頭葉側に運動野、頭頂葉側に体性感覚野がある。また、下側頭皮質は側頭連合野のことである。

一九六四年と一九七三年に、リベットらは、感覚皮質にあらゆる種類の多様な刺激を与えた。電気刺激は、短いパルスで、持続時間は一〇〇〜五〇〇ミリ秒、パルスは一秒あたり二〇から六〇であった。持続時間が五〇〇ミリ秒以下でも、刺激の強度を上げると、多くのニューロンが刺激されるので、意識化されやすいはずである。ところが、そうではなかった。強度を非常に強くすれば、意識化はできたが、日常経験ではあり得ないレベルの強度であった。また、パルスの周波数を二〇から六〇へ高めると、刺激の強度が同じでも、ニューロンを刺激する回数が増えるので、意識化されやすいはずである。ところが、周波数も関係がなかった。

結果は、非常に単純であった。患者の意識的経験を引き起こすには、電気刺激の持続時間が五〇〇ミリ秒以上必要であった。パルスの強度や周波数は無関係であった。つまり、意識が生じるには、五〇〇ミリ秒間の脳の活性化が必要である。すなわち、我々の意識は外界の客観的出来事から最小で五〇〇ミリ秒遅れていることになる。

リベットは、意識の遅延を支持する三つの証拠があるという。

・皮膚を単発的に刺激すると、大脳皮質には誘発電位と呼ばれる電気反応が起こる。この誘発電位は刺激を受けた皮膚のニューロンが大脳皮質の所定の領域に信号を送っていることを示す。初期誘発電位は刺激してから数十ミリ秒後に発生するが、意識経験は生じない。意識経験を生み出すのに、後からの大脳皮質の反応が不可欠である。この後からの反応は五〇〇ミリ秒持続することが分かっている。

・後から提示された二番目の刺激が最初の刺激の意識化を妨げる。例えば、最初に微弱な閃光を見せ、二番目に強い閃光を見せると、最大で一〇〇ミリ秒の遅れがあっても、最初の光の意識化を妨げることができる。また、皮膚への電気刺激でも、最初に閾値の強さ（かろうじて知覚できる弱い刺激強度）のテスト刺激を与え、二番目に少し強い刺激を与えると、最初のテスト刺激が意識化されなくなる。テスト刺激の一〇〇ミリ秒後でも効果があるが、五〇〇ミリ秒後では効果がない。

・決められた信号が現れると即座にボタンを押すという課題の反応時間は、通常二〇〇～三〇〇ミリ秒である。被験者に、意図的に一〇〇秒引き延ばしてボタンを押すように教示しても、誰も指示通りにはできなかった。反応時間は六〇〇～八〇〇ミリ秒で、意識化に必要な約五〇〇ミリ秒の遅れが含まれてしまった。

つまり、感覚経験を意識化するためには、ニューロンの活動は最大五〇〇ミリ秒間持続する必要がある。一方、我々は皮膚刺激を瞬時に知覚していると感じている。言い換えると、脳内の神経活動が五〇〇ミリ秒間持続した後に、皮膚刺激の意識経験が生じるのに、我々は、遅延なしに意識経験が生じたと信じていると、リベットは主張した。

このリベットの仮説には批判もある。例えば、パキット[73]はリベットの実験を批判し、意識の遅延は五〇〇ミリ秒ではなく、八〇ミリ秒だと主張した。ところが、このパキットの論文に北澤[74]は、刺激の後八〇ミリ秒から五〇〇ミリ秒の間に意識化の過程が進行し、位置が空間上に定位されると解釈すべきだと、コメントした。リベットの意識の遅延の仮説は、多くの論争を巻き起こしたが、信憑性は高いと見なされている。

†ゾンビ・システム

意識化の問題点は、最小で五〇〇ミリ秒の時間的遅れが生じてしまうことだ。例えば、車を運転していた時、子供が道に飛び出してきたとしよう。子供を認識するのに五〇〇ミリ秒かかり、その後、ブレーキを踏むとすれば、さらに二〇〇ミリ秒かかるとしよう。時速五〇キロで走っていると、ブレーキを踏むまでに約一〇メーター進んでしまう。ブレーキを踏んでも車が止まるまでに二〇〜三〇メーターは進む。これでは緊急事態にまったく対応できない。

実際には、子供が道に飛び出した途端に、無意識のうちにパタン認識が行われる。車の速度や進行方向から見て危険だと判断し、一〇〇〜二〇〇ミリ秒でブレーキ操作が行われる。意識化はブレーキを踏んだ後に進行する。つまり、車が急制動を受けつつある時に、避けようとしたのは子供であると初めて気づき、また、自分が非常にタイミング良く、無意識のうちに急ブレーキを踏んだことに改めて気づく。

交通事故の際に、前方をよく注意していなかったという警察発表がよくある。これはおそらく間違いであろう。前方に注意を向けていると、側面からの人の飛び出しに気づくのは遅くなる。ぼんやりと前方を見るだけで、注意は集中しないことが重要だろう。そうすると、側面から何かが飛び出しても、スムースに無意識的な回避行動が行われるはずだ。

このような無意識的な行動システムをゾンビ・システムと呼んでいる。ゾンビ・システムは、かなり複雑な行動も自動的、無意識的に実行する。例えば、歩いたり、走ったり、会話をしたりする筋肉の動きは、無意識的で、自動的である。いったん、歩くことを意識化すると、スムースに歩けなくなる。

野球選手もバッティングを自動的、無意識的に行えるように、繰り返し訓練する。ピッチャーの投げる球は約五〇〇ミリ秒でキャッチャーに届く。バッターは球の動きを見てバッティングを行うが、運動皮質の活性化と筋肉の収縮に約二〇〇~三〇〇ミリ秒かかる。スイングの決断は、ピッチャーが投球した直後に行わないと間に合わない。そのため、即座に、無意識的に判断できるように、ゾンビ・システムをトレーニングする。

†意識性を確かめる

脳の中にはさまざまなゾンビ・システムがあり、学習の結果、かなり複雑な行動もできる。そのため、複雑な行動が観察できるからといって、意識があるとは言えない。例えば、夢遊病患者は、睡眠中に歩き回り、服を着替えたりするし、症状の重い患者は外に出て、車の運転までしてしまう。意識はないし、目が覚めてからも記憶がない。

ゾンビ・システムはリアルタイムのシステムで、即座に複雑な行動を実行するが、時間をおいて複雑な行動を起こすことはない。つまり、リアル・タイムでない複雑な行動が生じたら、意識があると考えてもよい。

パブロフの有名な古典的条件付けの手続きを思い出してみよう。実験パラダイムを図4・2に示す。

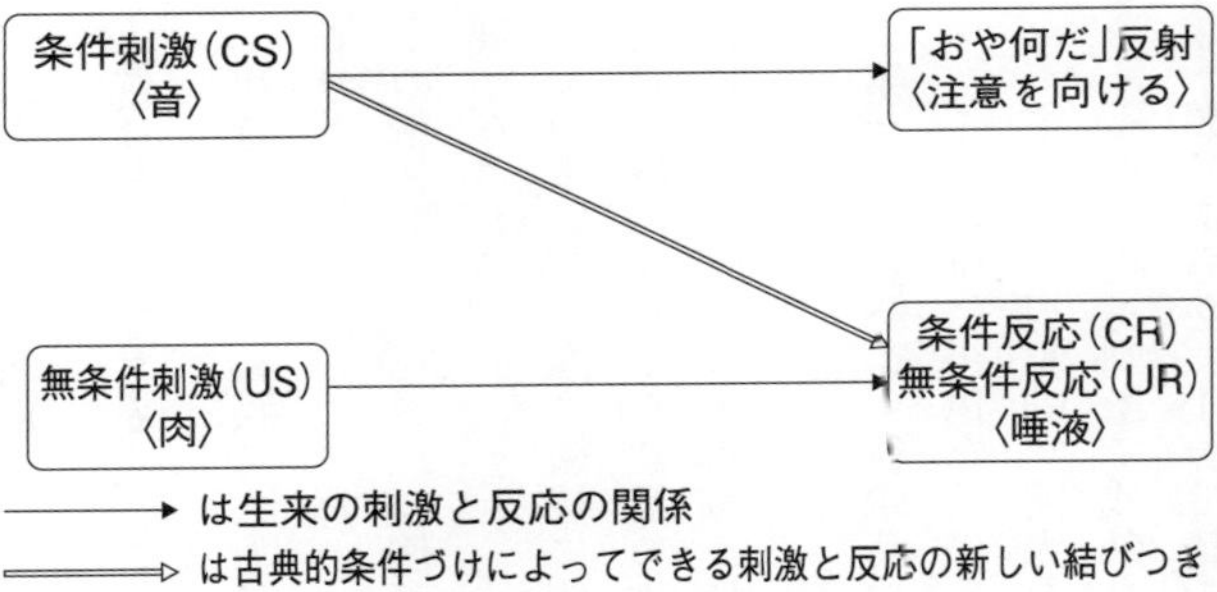

図４・２　古典的条件付けの実験パラダイム

実験台に固定された犬にベルやメトロノームなどの音を聞かせる。すると、犬は耳をそばだてる。これは「おや何だ」反射である。一方、犬に肉を与えると、唾液が分泌される。肉が無条件刺激で、唾液分泌は無条件反応である。音を聞かせて肉を与えるという手続きを繰り返すと、音刺激と唾液分泌の間に連合ができてくる。この場合、音刺激は条件刺激、唾液分泌は条件反応という。

条件刺激と無条件刺激の時間間隔について、多くの研究が行われ、条件刺激の四〇〇ミリ秒後に無条件刺激を与えると、条件付けの成立が速いことが分かった。条件刺激は無条件刺激に先行するが、ある程度の時間間隔をおいて無条件刺激を与える場合は、**痕跡条件付け**という。

痕跡条件付けでは、条件刺激を数秒から数分の間、記憶に保持する必要がある。ほとんどの哺乳動物は、痕跡条件付けが可能なので、意識はあると考えた方が自然である。

†意識は脳のどこにあるか

視覚情報は、網膜に入力され、外側膝状体から第一次視覚野V_1に伝えられる。V_1で処理された情報は、二つの経路に分かれる。頭頂葉に向かう経路（背側経路）では、空間や動きの情報処理がなされ、側頭葉に向かう経路（腹側経路）では、物体の認知や色の情報処理がなされる。[75]

コッホ[76]は、意識に密接に関係する特定のニューロン集合NCCがあるのではないかと考えた。彼はNCCを意識を生み出す必要不可欠な最小限の集合と仮定した。コッホの二〇〇六年の書籍からまとめておこう。

第一次視覚野V_1　後頭葉にあり、視覚情報処理やパタン認識を行っている場所である。この部位に損傷を受けると、意識的に物を見ることができなくなるし、電気的に刺激すると、視覚的な閃光を感じる。この部位は意識には必要であるが、一方、意識に上らない視覚刺激で残効を起こすことも分かっている。それで、V_1は視覚の意識には必要であるが、十分ではない。

第一次視覚野以外の領域V_2～V_4　V_2は明暗、運動方向、奥行き、輪郭などの知覚に関係している。V_3～V_4はより統合的な役割を担っているが、詳しくは分かっていない。

側頭葉中部MT　運動知覚処理に特化している。脳溢血で左右のMTを損傷した患者L.M.は、物の運動だけが特異的に見えなくなった。彼女にとっては、コップにお茶やコーヒーを注ぐのは、非常に骨の折れる仕事だった。液体が氷河のようにみえた。他人の動きも見えず、「突然、ここに現れたり、あそこに現れたりする」と言った。MTは運動の方向と速度を知覚するために必要不可欠である。

後部頭頂葉PP　視覚情報はこの部位にも送られ、視覚、聴覚、身体感覚、目の動きという情報を暗示的に統合する。PPが損傷すると、物が見えているのに無視したり、手を伸ばして物をつかんだり、指さしができなくなる視覚性運動失調という障害が起こる。

下側頭皮質IT　視覚情報は、V_1からV_4を通り、この部位に到着する。その後、ITの後部から前部へと情報が送られる。下部側頭回や上部側頭溝では、特定の物体に対して鋭く反応するニューロンが発見されている。人間の側頭葉内側部のニューロンは非常に選択性が強く、特定の有名人や特定の知人に対してのみ反応する。いわゆる「おばあさん」細胞が発見された場所である。

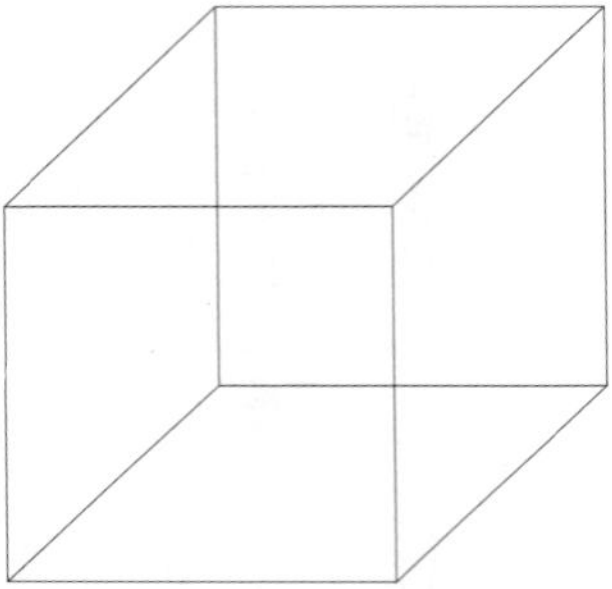

図4・3　有名なネッカーの立方体。角が手前に見える場合と、奥に見える場合があり、じっと見つめていると、一定の時間で交互に入れ替わる。意識は一度に一つの解釈しかできないという証拠である。外向性性格の人は反転時間が短い。

コッホは、下側頭皮質にＮＣＣがあると断定する。両眼視野闘争という手法を使うと、刺激の物理的入力に忠実に反応しているだけのニューロンと、主観的知覚に対応するニューロンが区別できるという。両眼視野闘争は、左と右の対応する部分にまったく異なった刺激を写す方法で、右目に縦縞、左目に横縞を写すと、片方の縞だけが知覚され、しばらくすると、反対側の縞に反転するという現象が起こる。サルのニューロンの観測結果からは、意識と一致するのは下側頭皮質のニューロンである。

†自由意志は幻想か

自由意志とは、人間の行為は外的要因ではなく、意志によって選択した結果であるという哲学的概念である。自由意志が存在するので、自分の行為にはモラルや責任が生じる。ゾンビにモラルや責任がないのも、自由意志がないからである。しかし、自由意志の存在は確実なのだろうか。何世紀にも渡って哲学的議論が繰り返されたが、リベットは単純な神経心理学的実験で、この議論に風穴を開けた。

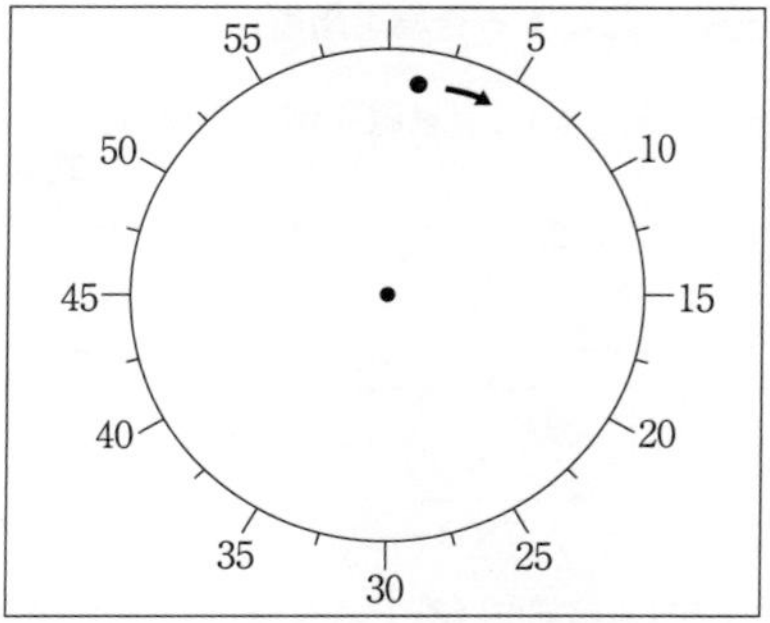

図4・4　精神事象のタイミングを計る時計。オシロスコープの光の点が、文字盤の縁を通常の秒針の25倍の速度で1周する。1983年にリベットらが行った実験。

被験者は、光の点が文字盤の縁を回る装置図4・4の中心を見つめ、やりたい時にいつでも手を急速に曲げるように指示される。手を動かそうと思った瞬間の時計の時点Ｗを覚えて後で報告する。この時点は、意欲とか意志を表す。実験と同時に、被験者の頭に電極を取り付けて、脳活動の始動時点ＲＰも記録する。四〇回ばかりの実験結果を平均すると、ＷやＲＰの値が推定できる。

実験を平均すると、意志を表すＷは行為に対してマイナス二〇〇ミリ秒で、系統的な報告誤差を差し引きすると、マイナス一五〇ミリ秒で

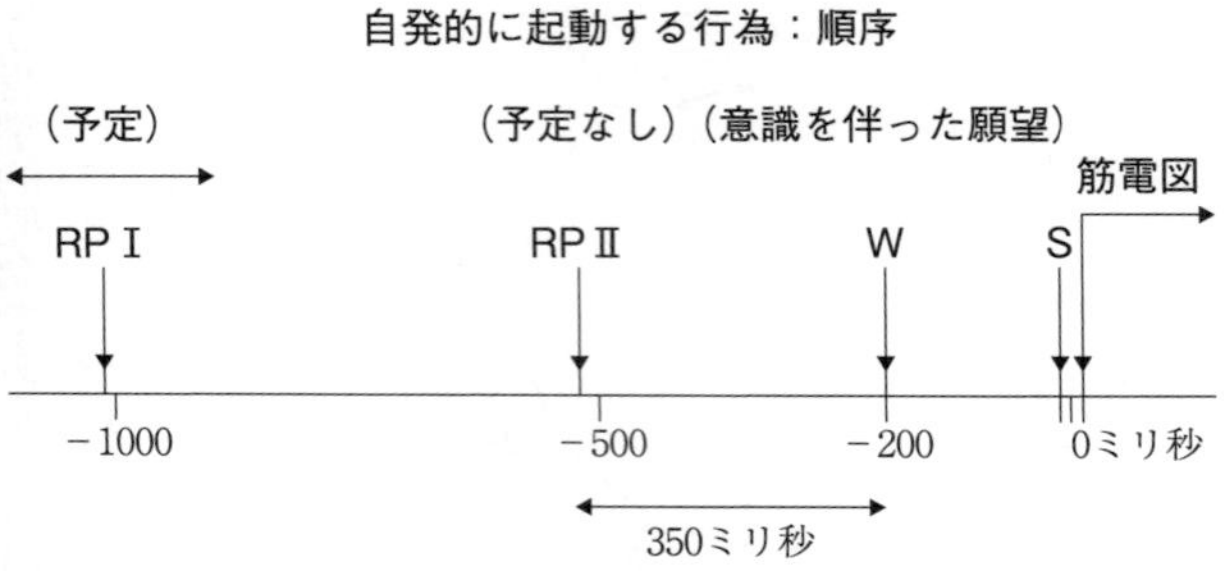

図4・5　自発的な後期に先立つ脳電位（RP）と意志（W）の関係。RP Iは予定していた行為、RP IIは予定していなかった行為の場合の脳電位。リベット（2005年）より。

あった。一方、脳活動の始動時点RPは、筋肉が活性化する五五〇ミリ秒前であった。ただ、被験者は、時計の時点のこの範囲で行為しようと、あらかじめ予定していることもあった。予定していた時の脳電位をRPⅠ、予定していなかった時の脳電位をRPⅡとすると、図4・5のような順序が成り立つという。

RPⅠは行為の一〇〇〇ミリ秒前、RPⅡは行為の五〇〇ミリ秒前、動かそうとする意志Wは行為の二〇〇ミリ秒前、行為の主観的タイミングSは行為の五〇ミリ秒前となった。いずれにせよ、動かそうとする意志より三〇〇〜三五〇ミリ秒前に、脳電位が観察された。

結局、動かそうとする意志は行為を引き起こしていない。無意識的なゾンビ・システムが行為を引き起こしていた。そうすると、自由意志という哲学的概念の根本が崩れ去ってしまう。

†意識は何のためにあるか

意識を伴った意志[77]は、行為など他の活動と同様に、それに先立つ脳活動の結果に過ぎないと考えている研究者が多い。前野[78]も意識は無意識のゾンビ・システムの結果を受け取るだけであるという。一方、リベット自身は、意識を伴った意識の意義は、無意識に起動された自発的行為が現れるのを制御することにあるという。

意識がゾンビ・システムの副産物に過ぎないのなら、意識が存在する積極的必要性は何もない。リベットの言うように、せいぜい行動にブレーキをかけるだけなのだろうか。

単純な世界に生きる生物は、自動的、反射的なゾンビ・システムの方が効率がよい。だから、原始的な生物には意識は必要ない。ところが、複雑な世界で生きようとすると、目、耳、鼻、舌、皮膚などからの複雑な入力刺激がすべて脳に到達する。一つのゾンビ・システムは一つの行動しかできない。ゾンビ・システムですべてに対応しようとすると、非常に多くのニューロンが必要になってしまう。効率が悪いのである。

コッホは、**政策決定者要約仮説**を提案する。外界から入力された膨大な情報をコンパクトに要約して、さまざまな可能性を検討し、行動の決断をする必要がある。この判断に必要な時間だけ情報の要約が維持される。知覚処理と行動計画の間に意識が生じる。意識は単なる随伴現象ではない。ゾンビ・システムが特殊用途に限定されたリアル・タイム・システムだとすると、意識は汎用の問題解決システムである。特殊なリアル・タイム・システムと汎用の問題解決システムの両方を兼ね備えた生物の方が適用能力に富み、自然淘汰の結果、生き残ったと考えられる。コッホの仮説は、意識の存在理由を積極的に説明するので、納得しやすいのではないか。

†自由意志は幻想である

ウェグナーは二〇〇二年の『自由意志の幻想』という書籍で、リベットの実験を紹介し、意識を伴った意志は、行為などに先立つ脳活動の結果に過ぎないという。ウェグナーの議論[79]をまとめてみよう。

意識を伴った意志は、我々が行動する時に感じる何かであり、感情の一種と解釈できる。これは一七三九年に哲学者のデイビッド・ヒュームが「意志とは、我々が意図的に新規に身体を動かしたり、新規に心を知覚したりする時の、内的印象に他ならない」と主張したことと一致する。

意識を伴った意志は、単なる経験ではなく、心と行為とを結ぶ因果的なエネルギーや力とも解釈できる。古典的には心は、認知と情動と意志の三つの機能に区分され、意志に力が備わっているのは自明とされてきた。ところが、対象の因果関係の把握は難しい。ヒュームも、二つの出来事が繰り返して出現するという恒常的結合が見られた時に因果性を判断するにすぎないという。

ウェグナーは意志を、行為との因果関係が科学的に確かめられた経験的意志と、個人が報告した意志という経験である現象的意志に分けるべきだという。ウェグナーはその証拠として、さまざまな現象を持ち出して説明した。

第一に、意識を伴った意志が障害を受ける病理学的現象がある。例えば、他人の手症候群は、神経心理学的な障害で、片方の手が、自分自身の意志を持っているかのように、自動的に動作する症状を指す。このような患者には、前頭葉の片側に損傷があることが多い。片方の手は自動的に動作すると感じるが、チェッカー（西洋将棋）の駒を正しく訂正したりと、非常に意図的な行動を示す。また、統合失調症の幻聴では、自分の思考を他人が言ったかのように聞くし、思考障害では、自動的に侵入思考が起こる。

第二に、正常者でも意識を伴った意志が障害を受けることがある。例えば、催眠時には、無意識的、自動的な行動が現れる。自分が行為者であるという自覚はないが、これから起こる行動、例えば「腕が上がる」などと、予測することはできる。一九世紀には、自動書記、テーブルの回転、占い盤の綴り、振り子の駆動、チャネリングなど、さまざまな自動行為が流行し、心霊現象として受け取られた。いずれも意識を伴った意志なしに起こる現象で、これを霊や超自然的な力のせいにした。例えば、テーブルの回転では、円卓の周りに集団で座り、両手をテーブルの上に置く。テーブルが霊の力で動くと皆が確信し、我慢強く座っていれば、ある時、本当にテーブルが動き始める。もちろん、テーブルは霊の力で動くのではなく、手の力で動くことが実証されている。ただ、動かそうとする意識を伴った意志がない点が特徴である。

第三に、複雑で自発的な行為をしているのに意志が伴わず、行為の主体を他の何者かであるかのように感じる現象がある。例えば、クレバー・ハンス、賢い馬（八八ページ）は、質問者が問題を読み上げた直後のわずかな動作を読み取って、蹄で床をゆっくりと叩き始めた。ハンスは正解に達した時点で、質問者が、頭を極めて僅かに一度ピクッと上方へ動かすのを見て、叩く動作をやめた。質問者は自分の無意識的な動作が意識できず、ハンスに高度な思考能力があると信じてしまった。

ウェグナーは、意識を伴った意志というのは幻想であるという。意識を伴った意志は、思考が行動を引き起こすと解釈することに基づいているが、解釈機構を支配する原理が変動すると、それに伴って変化する。それ故、意識を伴った意志は、思考が行動を引き起こすという証拠とはなりえない。

ウェグナーの特徴は、ヒュームなどの哲学を持ち出して、長い議論を続ける一方、魔術や宗教に見られる原理を、実験的な手法によって明らかにしていくことである。

†賢い手――クレバー・ハンズ

主体感の混乱の一例に、ファシリティテッド・コミュニケーションがある。ファシリテイテッド・コミュニケーションとは、重篤な発達障害児の意思伝達を促進する方法である。実際には、障害者がキーボードや文字ボードを使う時に、ファシリテーターは、手を添えて、障害者の筋肉の動きを読み取り、サポートした。

ファシリティテッド・コミュニケーションは、一九七〇年代にオーストラリアのニコラス病院の教員クロースリが考案したのが最初である。一九八九年に、シラキュース大学の特別支援教育のビクリンがアメリカに導入し、その後、多くの研究が行われた。しかし、[80]その効果は再現不可能で、一貫して否定的であった。一九九五年のジェイカブスンらのまとめによれば、偽科学の一種で、障害者の知的行動はファシリテーターが行ったものであった。日本では、二〇〇二年四月二八日に、NHKが「奇跡の詩人」という特別番組で、重症の心身障害児がファシリテーターの手助けで詩を書く姿が放映されたが、疑義や批判が巻き起こり、社会問題となった。

ウェグナーとフラ[81]は、ファシリティテッド・コミュニケーションの要因を実験的に明らかにした。参加者は、ファシリティテッド・コミュニケーションが、発達障害児や自閉症児との意思伝達を図る手段として、広く普及していること、実験の目的は、正常な人がどの程度、他人の筋肉の動きを読めるかを調べることであると教示される。

ファシリテーターには次のような教示を与える。

> 「はい」と「いいえ」のキーに人差し指と中指を乗せてください。ファシリテーターは、問題をよく聞いて、自分で回答するのではなく、コミュニケーターの無意識の筋肉の動きを読んで、コミュニケーターが回答するはずのキーを押してください。……筋肉の動きが読めないという人が多いのも事実ですが、可能な限りコミュニケーターの回答を推論してください。……

一方、コミュニケーターには次のような教示を与える。

> 問題を聞いても、決してキーを押さないでください。……ファシリテーターの仕事は、

図4・6　クレバーハンズの実験状況。下はファシリテーターの手、上はコミュニケーターの手。上の手は障害者に該当する。

あなたが押したいキーを感じ取って押すのが仕事です。……

実験状況を図4・6に示しておこう。参加者は「はい」と「いいえ」で答える五〇の問題がヘッドフォンから提示される、と説明を受ける。確かに、テープレコーダーは目の前に置かれて、ヘッドフォンが二つ接続されている。ところが、実際には、コミュニケーターのヘッドフォンには何も問題が提示されない。なお、五〇の問題には、易しい問題が二〇含まれていた。

正答率は、易しい問題で〇・八七、難しい問題で〇・六〇と、統計的に有意差があった。コミュニケーターには問題が提示されていないので、正答率は〇・五〇のはずである。ファシリテーターが回答していたことは間違いがなかった。ところが、ファシリテーターは、コミュニケーターの筋肉の動きを読んでいると思っていた。

コミュニケーターの筋肉の動きが回答に影響を与えたと思う比率は、ファシリティテッド・コミュニケーションの有効性を信じ込ませた条件では〇・四一、疑問を抱かせた条件では〇・二四と、有意差があり、信念の違いが影響していた。また、身体接触しない条件を導入すると、その比率は〇・四三から〇・三二に低下したが、それでもゼロにはならなかった。

ファシリテーターは、自分で考えて指を動かしているのに、それをコミュニケーターが動かしていると感じてしまった。

†主体感はどうして成り立つか

自分が行動の原因であるという主体感は、実際の因果関係とは別である。ウェグナーは主体感が事後的な推論の結果であるという。その成立要因として、先行性、一致性、排他性の原則を挙げた。つまり、思考が行為の原因と解釈されるためには、思考が行為に先行し、思考と行為が矛盾せず、見かけ上は思考が行為の唯一の原因と考えられる、という必要がある。

主体感の説明モデルの一つに順モデルがある。このモデルによれば、自分の行為が予想通りである場合、その行為を自分が行ったと感じるという。つまり、主体感は、行為の予想と実際の結果が一致していれば強くなるし、矛盾すれば弱くなるはずである。

佐藤と安田[82]は、その一致性の指標として、実験刺激の周波数と時間的遅延を操作して、実験的にこの仮説を検証した。刺激は六〇〇ヘルツと一〇〇〇ヘルツの音で、遅延時間は〇、二〇〇、四〇〇、六〇〇ミリ秒であった。参加者はヘッドフォンを付けてコンピュータの前に座り、左のボタンを左人差し指で押し、右のボタンを右人差し指で押す。ボタンを押した後、ヘッドフォンから二〇〇ミリ秒間、音が提示される。参加者はこの作業を繰り返す。一致条件の場合は、練習セッションと同じ音が提示されるが、不一致条件の場合は、違った音が提示される。遅延時間を操作すると、適合性の程度も変化する。同時に、主体感の程度を自己評価させる。

実験の結果を図4・7に示す。主体感の自己評価値は、一致条件が不一致条件よりも高いし、遅延時間が少ないほど高い。つまり、自分が実験を行っているという主体感は、行為の予想と実際の結果の一致性に影響されるという順モデルを支持した。

行為の予測には、感覚運動的な予測と、予告情報という概念的な予測がある。感覚運動

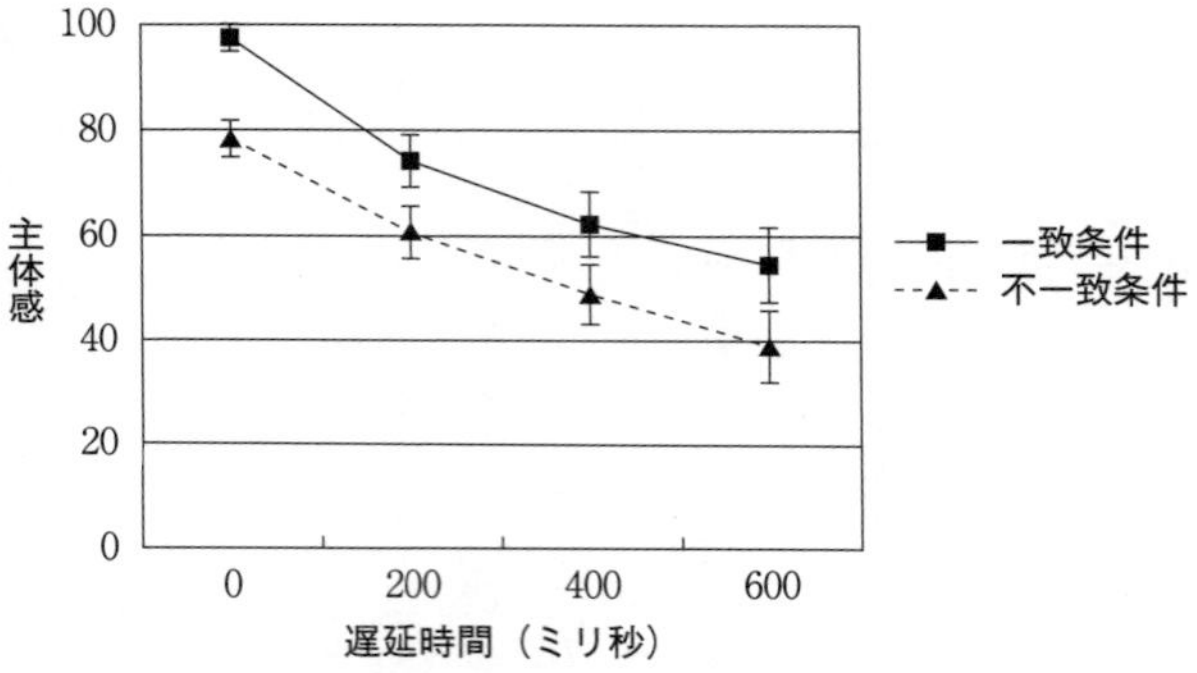

図4・7　各条件における主体感の自己評価の平均値

的なフィードバックとの一致性として、どちらの要因が重要だろうか。佐藤[83]は、類似の実験的研究を行い、主体感は、運動予測との適合性に影響されるが、予告情報との関係も無視できないということを明らかにした。

†ゴム手の錯覚——ラバー・ハンド

「私がその行為の原因である」という感覚が主体感であった。しかし、「動いているのは私の身体である」という所有感もある。所有感には、身体の一部についての部分的所有感と、身体全体に関わる全体的所有感がある[84]。

部分的所有感で有名なのはゴム手の錯覚である。ボートヴィニックとコーエン[85]の実験状況[86]を図4・8に示す。参加者はテーブルの上に左腕を乗せるが、見えないように衝立を置く。実物大のゴム製の手を

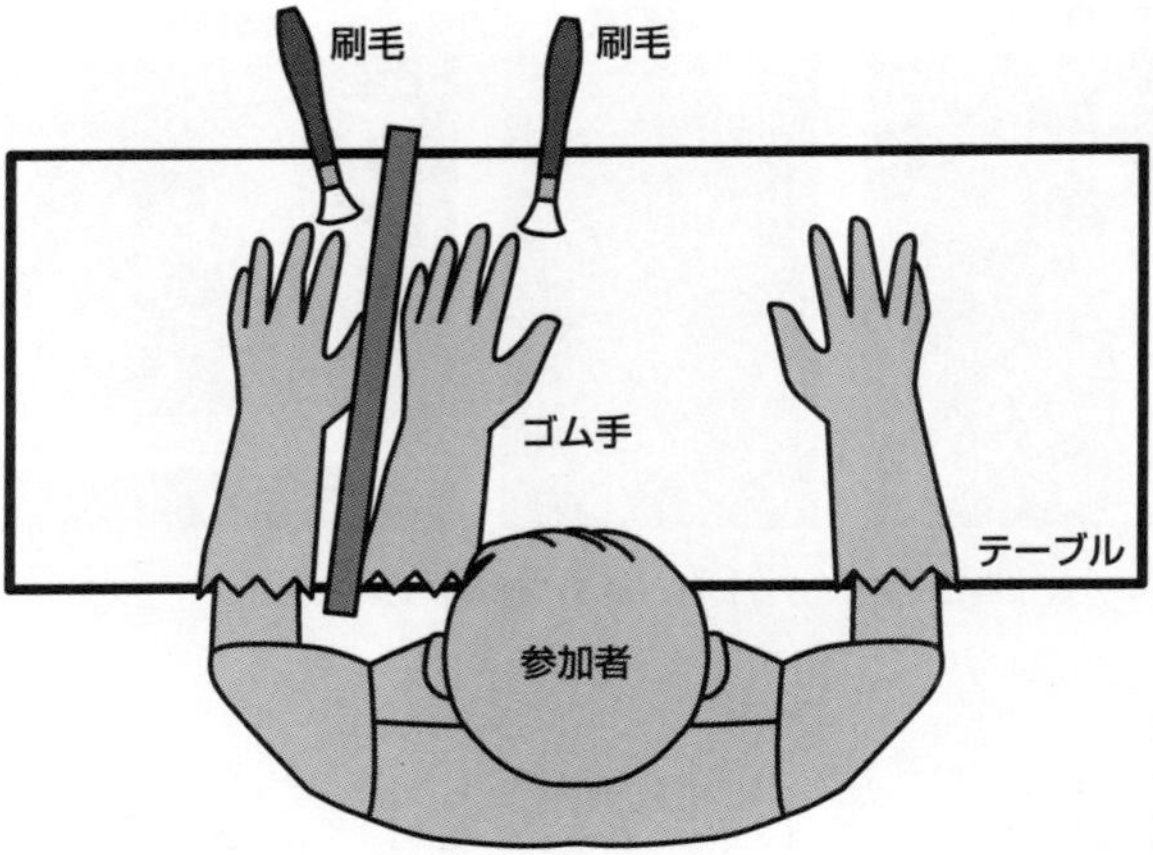

図4・8　ゴム手の錯覚

前に置き、それを見つめてもらう。刷毛で参加者の手とゴム手を同時になでる。すると、ゴム手を自分の手のように感じてしまう。なでるタイミングが一致しないと、この錯覚は起こらない。また、実際の手とゴム手との位置関係が一致していないと、錯覚が起こりにくい[87]。

†身体から離脱する

脳損傷の患者では、身体全体の所有感が損なわれることがある。その場合、自分の現実の身体が別の場所にあるように感じる。その場所や症状により、自己幻視、分身幻視、体外離脱に分けられる。その幻覚のパタンを図4・9に示す[88]。

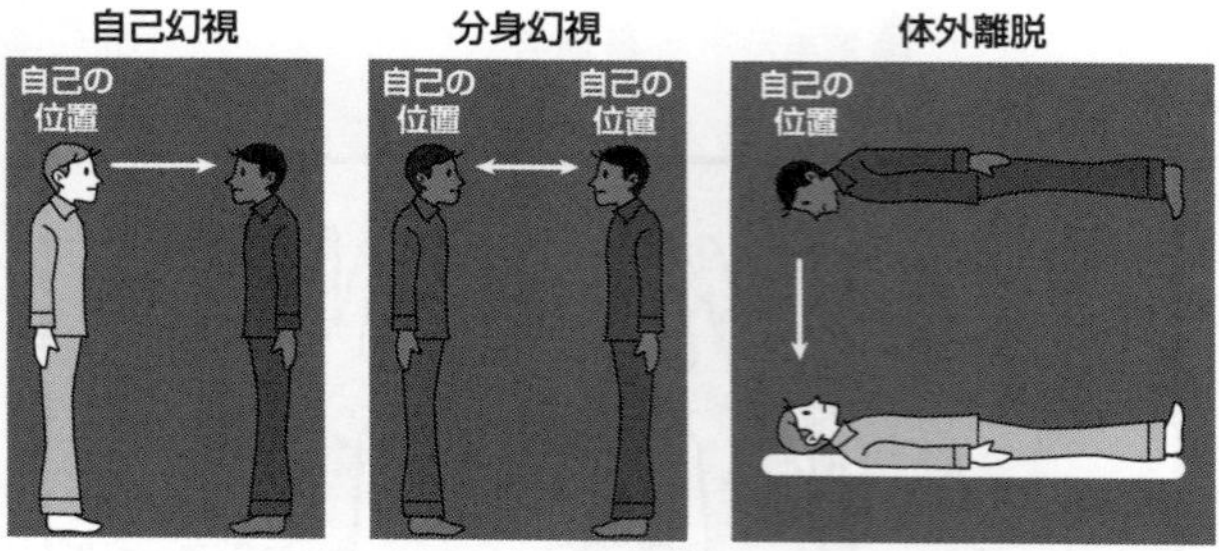

図４・９　自己幻視、分身幻視、体外離脱のパタン

・自己幻視では、現実の身体の正面に幻の身体があり、向き合っているように感じる。患者は、魂が肉体から分離しているとは感じないし、向かっている身体が幻であるという自覚もある。

・分身幻視では、自己幻視と同様に、現実の身体の正面に幻の身体がある。患者は、現実の身体が自分と感じたり、幻の身体が自分であると感じたりしてしまう。また、自分が二つに分かれているという感覚がある。分身幻視は、一般的に非常にリアルで、幻覚だと感じることはない。

・体外離脱は、現実の身体の上方に幻の身体があり、現実の身体ではなく、幻の身体が自分であると感じてしまう。体外離脱は、一般的に非常にリアルで、幻覚だと感じることはない。

自己幻視、分身幻視、体外離脱という錯覚を起こす患者の脳損傷の場所がＭＲＩ（核磁気共鳴画像法）で特定

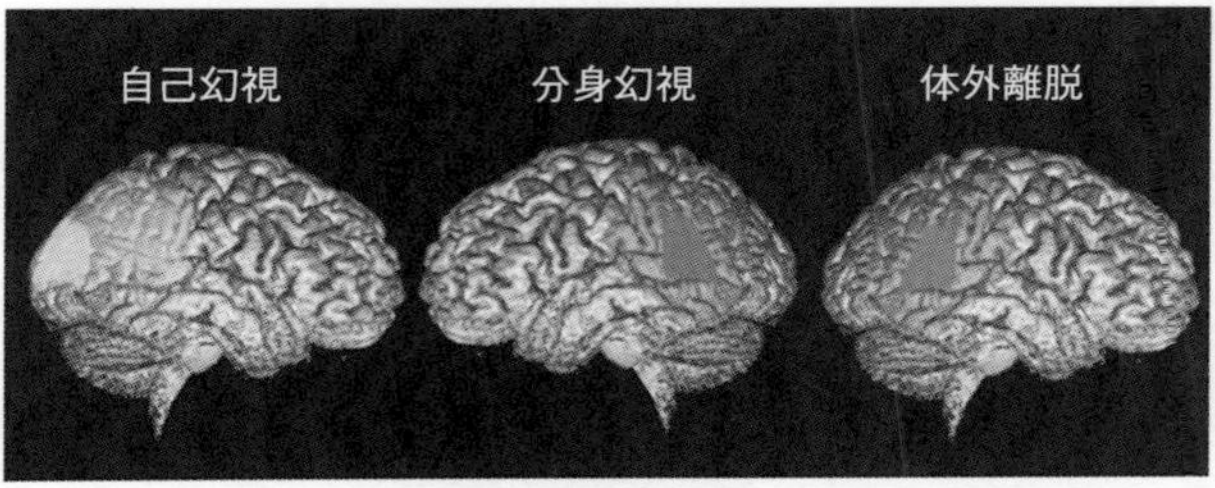

（*TRENDS in Cognitive Sciences,* 13）

図4・10　自己幻視、分身幻視、体外離脱の場合の脳損傷の場所

されている。それを図4・10に示す。自己幻視の患者七名では、脳損傷の中心が、頭頂後頭部か後側頭後頭部の右にあった。また、分身幻視の患者一〇名では、脳損傷の中心は、側頭頭頂部にあり、体外離脱の患者一二名では、側頭頭頂部の右側にあった。

分身幻視と体外離脱は、身体全体の所有感が損なわれる異常な例であり、そのような患者では、側頭頭頂部に損傷が確認されている。臨死体験の場合に、時折、報告される体外離脱は、側頭頭頂部の機能マヒによって、引き起こされると考えられる。残念ながら、私の臨死体験の場合には、脳の大部分が即座に機能停止し、ダメージを免れたのだろうと思う。側頭頭頂部だけがマヒし、他の部位が機能していれば、有意義な体外離脱が経験できたかもしれない。

†意識が人間を規定するか

意識の有無で、人とゾンビが区別される。意識がなければ、人は死んでいるのと同じである。意識があるので、自由意志もあるはずである。ところが、これは誤解に過ぎなかった。自由意志は存在しないかもしれない。我々の行動を規定するのは無意識的なシステムで、意志はそれに付随するだけかもしれない。あるいは、ゾンビ・システムの限界を打開するために要請された汎用の問題解決システムが意識かもしれない。

意識があっても、主体感や所有感が損なわれると、正常な精神機能は保たれない。最近の神経心理学・実験心理学的研究は、我々の主体感や所有感の成り立ちを明らかにしつつある。主体感や所有感を損なうトリックは意外に簡単で、我々は自らの主体感を簡単に放棄し、超自然的原因を求めてしまう。

意識が人間を規定するにしても、何が意識を規定するのだろうか。意識がどのように生まれるのか。詳しいメカニズムはどのようなものか。今後、精力的な研究が行われることを期待しよう。

第5章
記憶は確かか

†最初の思い出

鹿児島での出来事だったと思う。私は物心がつき始めた頃で、おそらく三歳だっただろう。父は肺結核で私が四歳の時に死亡しているので、入院期間を考えると、三歳の可能性が大きい。父と母が話をしている時、突然、母の顔が般若のように変化し、怒りを爆発させ、手当たり次第に物を投げ始めた。原因は分からない。もちろん、父を狙ってはいなかった。私の方にも物は飛んでこなかった。それでも、私は恐怖で身体をすくませた。

「ちょっと、散歩しよう」

たぶん、こんなことを言ったと思う。父は私をちょいと持ち上げ、肩の上に乗せて家を出た。私は小さい頃、〝肩くま〟[89]と言って、父の肩の上に乗せてもらうのが大好きだった。父の首をまたいで両肩の上に座り、おでこに手を回すと姿勢が安定した。自分が大きくなったような感覚があったし、何よりも遠くまで見えた。一時的に大人の視点が手に入ったからだ。

外は真っ暗だった。所々、裸電球の街灯があった。時刻はたぶん七時とか八時過ぎだろう。寒かった感覚もないし、厚着していた記憶もない。季節は分からないが、真夏ではなく、夏に近い秋か春だろう。しばらく暗い夜道を歩いた。夜の空気が冷たくて、気持ちがよかった。

どれくらい歩いたかは記憶がない。一〇分程度だったかもしれないが、感覚としては、もっと時間が経ったような気がする。突然、たくさんの電灯に照らされた店が目に入った。新鮮な野菜や果物が山のように置いてあった。父は私を肩に乗せたまま、私の大好物だったバナナを一房買った。今では、バナナと言えば、安い果物の典型だが、半世紀前は、相当のお金持ちしか買えない果物だった。父は商売で成功していたし、私がバナナを常食していることを考え合わせると、かなり裕福な生活をしていたようだ。

「ちょっと遠回りするぞ」

たぶん、父はこんなことを言ったと思う。再び、暗い夜道に戻り、ゆっくりと歩いた。私は父の肩の上にいて、遥か遠くを見つめつつ、夜の散歩を楽しんだ。しばらくして自宅に戻った時、何時も通りの母の笑顔があった。先ほどの出来事は、夢だったかのように感じた。

これが私の最古の記憶である。本当にこのような出来事があったのか、もはや確認する方法もない。鹿児島で生活していた頃の記憶は、このほか、二つしかない。三つのエピソードは、孤島のように闇に漂っていて、その間、どんな生活をしていたのか、まったく記憶がない。一方、大阪に出てきた五歳前後からの記憶ははっきりとしていて、自分がこの世に持続的に存在してきたという印象がある。

†幼児期の記憶

幼児期の体験は、その後の人生の方向性を決定づけるほど重要であると信じられている。幼児には学習能力や記憶力があるので、それが記憶されないはずはない。体験が記憶されるからこそ、後の人生に大きく影響するはずである。ところが、一般的には、三歳以前の記憶は、ほとんど報告されない。もし、記憶されないのであれば、幼児期の体験の影響力は皆無でなければならない。これは、一種のパラドックスである。

約一〇〇年前、フロイトはこの現象を幼児期健忘と呼び、その年齢を六～八歳以前とした。精神分析の理論によると、子供の性的関心は五～六歳から低下し、同性の友人と遊ぶ〝潜伏期〟に入る。つまり、それ以前の時期の性的な事柄は検閲され、抑圧され、無意識の闇に葬られるはずである。もし、これに失敗して、抑圧されていた性的リビドーが意識を侵襲してくると、神経症等が引き起こされると考えた。精神分析では、この抑圧されていた性的リビドーを意識化し、カタルシスを起こせば、神経症等の治療ができると考える。もちろん、現在では、このような理論は支持されていない。

†妹や弟の誕生の記憶

シャインゴールドとテニー[90]は一九七九年に、妹や弟の誕生についての記憶を調査した。調査対象は、四歳児、八歳児、一二歳児の各一二名とその母親、および、大学生二六名であった。誕生にまつわる具体的な二〇の質問で、記憶を得点化すると、四歳児、八歳児、一二歳児、大学生の平均得点は、一三・六、一三・六、一一・八、一〇・六となり、年齢の効果はなかった。つまり、一六年間の間、忘却はないと見なせた。大学生の調査によると、妹や弟の誕生が三歳未満であると、平均再生得点はゼロであった。つまり、三歳未満の出来事は記憶されていなかった。

アシャとナイサ[91]は、一〜五歳の間に起こった妹や弟の誕生、家族の死去、入院、引っ越しなど、重要な出来事について、大学生二二二名を対象に調査を行った。被験者が二歳未満の時に起こった出来事が報告されることはほとんどなかった。入院と妹や弟の誕生について、二歳以降であれば、ある程度思い出した人が多かった。しかし、家族の死去や引っ越しについては、三歳か四歳にならないと、思い出せない人が多かった。幼児期健忘の時期は、従来言われているより、少し遡れることが分かった。ただ、調査対象者は七三七名から選抜されているので、想記量は三分の一程度に割り引いて解釈する必要がある。

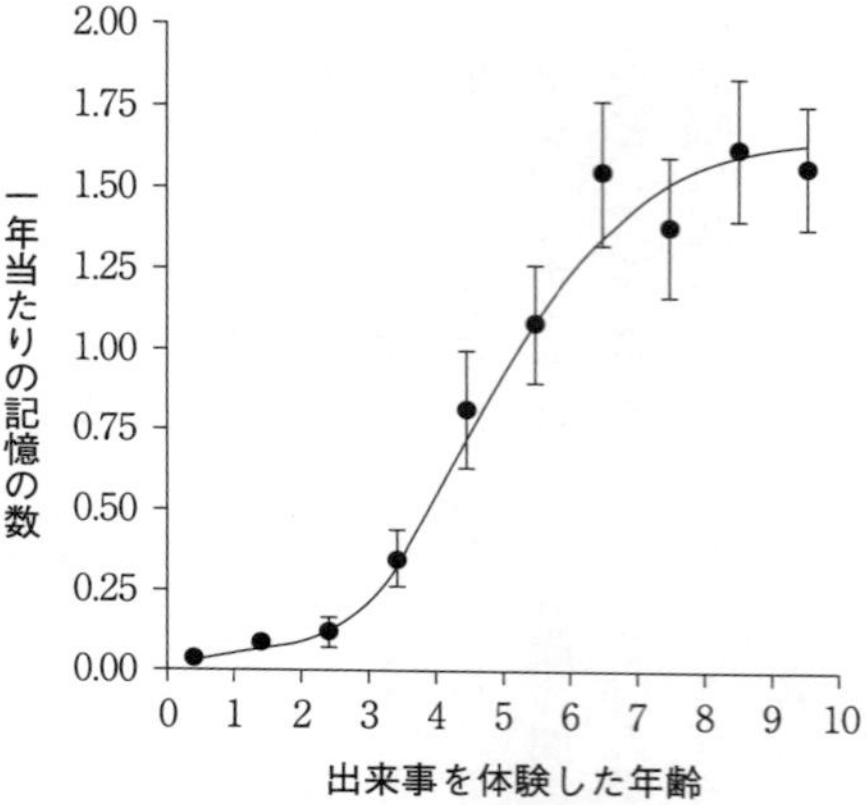

図5・1　人生の最初の10年間の自伝的記憶

†出来事の記憶と年齢

ルービンとシュールキンド[92]は手がかりを与えて再生させる手続きで、一〇歳以前の記憶を調査した。参加者は二〇名六グループで、二〇歳の大学生が二グループ、三五歳成人、七〇歳の成人、七三歳の成人が二グループであった。その結果、三歳以前の記憶は、以前、想定されていたよりは多く報告された。自伝的記憶を体験した年齢と一年当たりの記憶数の関係を図5・1に示す。三歳以前の記憶は少ないが、予想よりは多く報告されている。その後、四～八歳までは、急速に記憶量が増えるが、九歳からは一定の量になっていた。三歳頃から記憶のメカニズムに変化が訪れ、九歳頃に完成するのかもしれない。

ルービンらの研究は、大学生や成人の幼児期の報告された記憶である。報告された記憶内容が事実であるという保証はない。正確でない記憶や歪んだ記憶が一割程度混じっているという報告もある。被験者の記憶の正確さは、報告された出来事を同時に体験した親や兄弟などで確認する必要があるが、仮に確認されても、両方とも記憶が誤っている可能性がある。つまり、報告された記憶が真実であると確認することは困難である。結局、幼児の記憶力がどの程度あるのか、研究する必要が生じる。

幼児は言葉が理解できないため、記憶を研究する方法が多く考案されてきた。その代表的な方法に**視覚的再認法**がある。この方法は、まず、ある特定の刺激を幼児に一定の時間見せて馴染ませ、その後、遅延時間をおいて、最初の刺激と他の刺激を見せて、幼児の注視時間を比較する。もし、幼児が最初の刺激を記憶していれば、新規の刺激を長く見つめるはずである。遅延時間を操作すると、保持力も測定できる。手順の違いで、馴化課題と対比較課題に分かれる。スイカの移動実験（一〇九ページ）は、後者であった。

モーガンとハイン[93]は、一～四歳児に動いている明るい色の刺激を一〇秒間見せて慣れさせ、その直後、一日後、一ヶ月後に、注視時間を計った。馴化課題である。新規刺激に対する好みは、刺激に慣れた直後でも遅延後でも同じで、年齢による違いはなかった。ところが、記憶の保持時間は、年齢による違いが大きかった。一歳児は数分しか保持できなかったが、二歳児は一日程度保持できた。三歳児は一週間程度、四歳児は一ヶ月程度保持できた。記憶力は、年齢が増すにつれて、急速に増加するようである。

一方、**条件付け法**もある。モビール学習は、モビール[94]にリボンを結びつけ、リボンを蹴るとモビールが動く仕組みになっている。幼児は、リボンを蹴るとモビールが動くので喜ぶ。つまり、蹴るという動作のオペラント条件付けである。幼児の興味の関係で二〜七ヶ月児には良いが、それ以降は、興味を惹かなくなる。ハートショーンとロウベ-コリア[95]は、周回線路にミニチュアの列車を乗せた列車学習を考案した。幼児がレバーを押すと列車が走るので喜ぶ。つまり、レバー押しのオペラント条件付けである。二ヶ月児から六ヶ月児まではモビール学習、六ヶ月児から一八ヶ月児には列車学習を割り当て、二四時間から一五週間の遅延期間の記憶を調べた。その結果が図5・2である。二ヶ月〜一八ヶ月まで、直線的に保持期間が増加していた。

六ヶ月児でも十分な記憶力があった。一〜二歳児でも数ヶ月前から一年前に起こった出来事を記憶している。[96]年齢に伴って、幼児の情報の符号化能力、検索能力、検索能力の柔軟性などは、増大していく。すると、さまざまな状況から情報の検索手がかりが利用できるようになる。その結果、報告される内容も増加する。幼児期健忘は、この最初の段階の想記量が少ないために、名付けられた現象にすぎない。

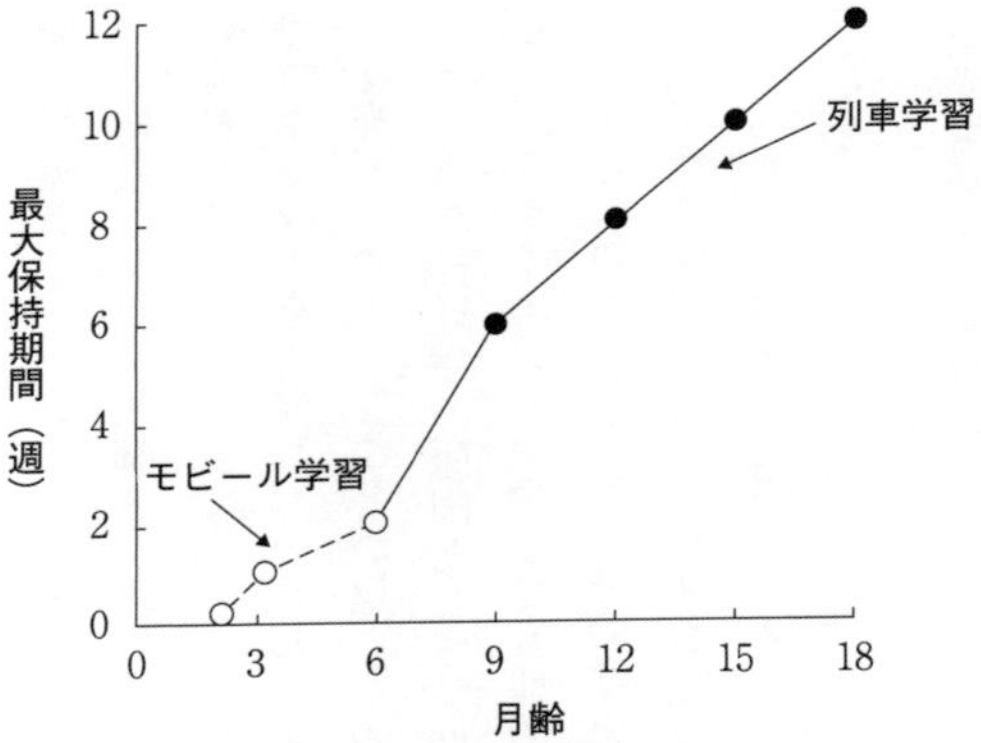

図5・2　月齢の関数としての記憶の保持。ハートショーンらの1997年の実験。　翻訳：横軸　月齢、縦軸　最大保持期間（週）

†偽りの記憶

幼児期の重要性を認識させた点では、フロイトの精神分析は、現代心理学に良い影響があった。ところが、幼児期の性的問題から神経症が引き起こされるという理論は間違っていたし、性的問題を想記すれば、カタルシスによって治療されるという点も間違いであった。ところが、この精神分析の考えは、一九八〇年代に記憶回復療法として蘇り、一時はもてはやされたが、大きな弊害が明らかになった。

ロフタス[97]による事例を一つだけ紹介しておこう。一九九二年、アメリカのミズーリ州で、ラザフォードという女性が教会のカウンセラーのセラピーを受けた。すると、七歳から一四歳までの間、牧師である父親から定期的に性的暴行を受け、母親も時折自分を押さえつけるのを手伝ったということを思い出した。このカウンセラーの誘導で、父親は彼女を二回も妊娠させ、ハンガーで堕胎させたという記憶を持つようになった。このことが公になった結果、父親は牧師をやめざるを得なかった。しかし、その後、医学的検査の結果、この女性は二二歳で処女であり、一度も妊娠したことが無いことが判明した。彼女は教会のカウンセラーを告発し、一九九六年に一〇〇万ドルで和解が成立した。

なぜ、このようなことが起こるのだろうか。簡単な条件付け学習でも説明できる。カウンセラーが神経症の原因として、抑圧された記憶（幼児期の性的虐待）の理論を信じていると、クライエントが少しでも性的な内容を話せば、親身になって聞き入り、その行動を強化する（報酬を与える）。その結果、クライエントは、性的な内容を多く話すようになる。また、性的虐待の情景を想像させるだろう。何度も繰り返し性的虐待の状況を想像していると、それが真実の記憶であると信じ込んでしまう。このようにして偽りの記憶が簡単に成立する。

†記憶回復療法家の手段

記憶回復療法家の方法は、より侵襲的で、洗脳に近い。ロフタスとケッチャム[98]からいくつかを紹介しておこう。

直接的質問　子供の時に性的虐待を受けたことがありますかと問う。あるいは、子供の時に虐待を受けたような症状である、もしくは、虐待を受けたような話し方であると言う。もし、クライエントが思い出せない場合は、記憶が抑圧されていると言い、その抑圧自体が虐待の証拠かもしれないという。

症状のリスト

・これまでの生活で、性的に乱れていた時期がある。
・よく悪夢を見る。
・なかなか寝付けない。
・地下室が怖い。
・……

このような症状リストに、一つでも「はい」と回答した人は、性的虐待を受けたか、近親相姦の被害者の可能性があると暗示する。

イメージ作業　クライエントを虐待等の物語に没頭させて、いつでも主観的な解釈を付け加えさせる。

夢作業　夢のシンボルを使って抑圧された記憶を取り戻す。
日記法　悪夢などからのシンボルを日記に書きながら、抑圧された記憶を取り戻す。
身体作業　身体は虐待された感情を覚えているはずだから、身体を使って「身体記憶」に接近する。
催眠　催眠で年齢退行を行って、虐待の記憶を取り戻す。

クライエントは、心理的問題で悩んでいるので、一般的に被暗示性が高い。具体的なイメージは、実際の出来事の記憶と混同されやすい。さまざまな性的虐待のイメージを浮かべる間に、クライエントは容易に性的虐待の記憶を刷り込まれてしまう。

ロフタスは、偽りの記憶を植え付けるのは意外に簡単であることを示した。手続きは一八～五三歳の二四名に、子供時代の出来事を思い出すように求め、各人に冊子を用意する。冊子には、四つの出来事が書かれていて、そのうち三つは、親、兄弟、親戚などが挙げた実際の出来事である。もう一つは、五歳の頃、迷子になったという出来事で、家族に確認した上で、作り上げたものである。参加者は物語の冊子を読み、出来事について覚えていることを書いた。

二四名の参加者は、実際の七二の出来事のうち、四九は何かを思い出した。一方、偽りの記憶については、二四名のうち七名が冊子を読んだ直後に、その一部、もしくは、全体を〝思い出した〟。二回の面接でも六名の参加者は架空の出来事を覚えていると主張し続けた。真実の記憶は偽りの記憶に比べて、多くの単語で語られ、より明確だと評定される傾向はあった。しかし、第三者が真実の記憶と偽りの記憶を見分けることは困難であった。

†トラウマは抑圧されるか

トラウマとは、苦痛に満ちた深刻な経験のことで、身体的虐待、性的虐待、恐怖の医学的処理、近親者の殺人、台風などの自然災害の経験が含まれる。記憶回復療法によると、このトラウマの記憶は、無意識の力によって、抑圧されたりして、消失する。抑圧された記憶は、意識下に沈んでいるだけで、神経症や精神障害の原因となるという。記憶回復療法は、カタルシスによって治療するという精神分析の一種である。本当にトラウマの記憶は抑圧されるのだろうか。ハウ[99]から少しまとめておく。

・児童のトラウマの記憶は首尾一貫している。トラウマが突然の出来事、自然災害、習慣化された虐待であろうと、同じである。一九九四年にグリーンらはバッファロー川の氾濫から一七年後に、生存者の追跡調査を行った。当時、三歳の幼児でも自然災害をよく記憶していたことが分かった。一九九三年、ディトーマソも児童が身体的虐待をよく記憶していると報告しているし、一九九三年にピータースンらは児童が医学的処置や怪我等をよく記憶していることを示した。一九九四年にホウらは事故のために救急処置室で治療された一八ヶ月から五歳の児童を調査したところ、半年後や一年後でも事件の中核的な部分の記憶は正確で、ほとんど忘却が見られなかった。

・ただ一回だけの新奇な経験はよく記憶される。実験室的なリスト学習でも、動物の名前をどんどん覚えていく時に、一つだけ植物の名前があれば、目立つのでよく記憶されるという現象がある。一九九六年にフィヴシュとシュワルトミュラーは、八歳の児童が、四〇、四六、五八、七〇ヶ月の時の新奇な出来事を覚えていることを示したし、ディズニーランドに行ったこともよく覚えていた。児童期初期の新奇な経験は、二年から六年間、記憶に残るという研究が多い。

・情動的に興奮すると、激しい経験は、刻印され、長期に渡って保持される。一九九六年、コスらは三〇〇〇名以上でレイプ等のショッキングな体験の記憶を調査した。すると、経験の細部まで長期に渡ってよく記憶されていた。刺激の新奇性が強く、大きなストレスを受けると、情報のコーディングが困難になり、貯蔵に失敗する可能性はあるが、忘却されるのではない。

結局、トラウマが抑圧されるという証拠はなく、回復された記憶が真実であるという証拠もない。もちろん、精神分析の抑圧や解離の概念で、説明する理由もない。まだ、論争は続いているが、現在までのところ、科学的根拠はほとんどない。そもそも、トラウマはよく記憶されるという証拠の方が多い。忘却によってトラウマを克服するという仮説を支持する研究も皆無である。

†記憶力は鍛えられるか

頭が良い人は、記憶力も良いだろう。頭の良い人は、豊富な知識を蓄え、正しい判断をするはずだ。そうすると、頭を良くするには、記憶力を鍛えればよい。記憶力を鍛えるには、何度も記憶の練習をすればよいはずだ。誰でもこう考えるだろう。ところが、これは間違いである。いくら記憶の練習をしても、記憶力自体は鍛えられない。

一八九〇年にウィリアム・ジェームズ[100]は、詰め込みが非常に悪い学習法であり、その理由は、数時間で一つの目的のために学んだ事柄は、心の中の他の事柄と多くの連合を構成できないために、忘却が急速に起こるからであるという。

このことを確認するため、ジェームズは毎日、詩の学習を自分自身に課した。まず、彼は、連続八日間、ビクトル・ユーゴーの『サチュロス』の一五八行を暗記した。次に、三八日間をかけて『失楽園』の第一巻全部を覚えた。もし、記憶力が練習によって強くなるなら、ユーゴーの新たな一五八行を覚えるのは簡単であろう。ところが、以前の一五八行を覚えるよりも長い時間がかかってしまった。つまり、記憶の練習は何の効果もなかった。ジェームズは、数名の友人たちに協力を求め、詩の記憶をしてもらった。結果は、はっきりしていた。記憶の練習は、何ら記憶力の向上をもたらさなかった。[101]

†エビングハウスの二つの法則

ドイツのヘルマン・エビングハウス[102]は、時代を百年ばかり先取りしていた。一八七〇年代に、自分自身が被験者になり、機械的な繰り返しによる記憶の科学的法則を追求した。エビングハウスは、子音・母音・子音と三つの綴りを組み合わせて、無意味音節を考案し、何度も自分自身を被験者にして学習実験を繰り返した。彼が発見した記憶の法則を紹介しておこう。

合計時間仮説　似たような条件で等質的なリストを記憶すると、反復学習の回数も似たようなものになった。それで、先行学習の影響をみるために、学習回数を八回、一六回、二四回、……と変化させ、二四時間後に再学習した時の時間を測定した。学習材料は一六個の綴り六リストであった。結果は、図5・3に示した。先行学習の回数は、再学習時の時間と直線的な関係があり、先行学習の回数が多いほど、再学習の時間は少なくなった。また、六リストの学習時間も、五三回のテストの平均は一二七〇秒で、誤差は非常に少なかった。一回の反復による平均節約時間もほぼ一定で、平均一二・七秒であった。

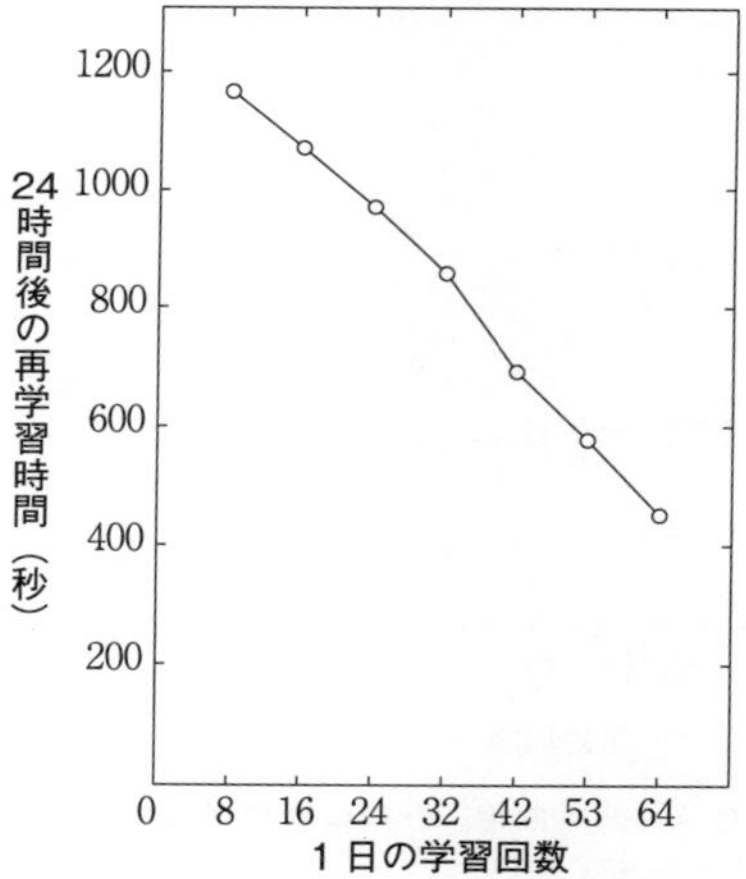

図5・3　記憶量は学習回数に比例する。

この合計時間仮説は学習の基本的原理である。つまり、一度、学習して記憶すると、忘却しても記憶痕跡は残っている。もう一度学習すれば、比較的簡単に記憶を取り戻せる。言い換えれば、記憶は時間の関数であり、学習時間に比例して記憶が定着するということである。

忘却曲線　忘却は時間の影響でどのよう

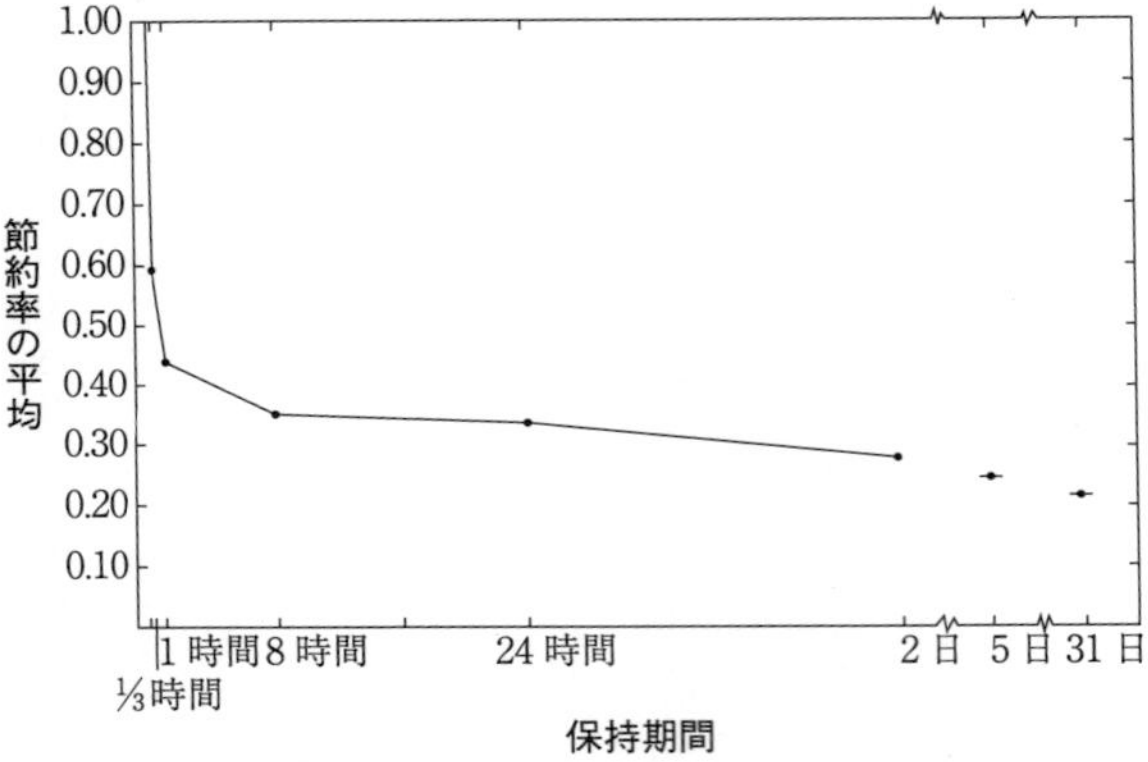

図5・4　有名なエビングハウスの忘却曲線。最初に急激な忘却が起こるが、その後は、ゆっくりとしか忘却しない。

な経過をたどるのか。ある系列を学習した後、一定の時間をおいて再学習して、原学習と再学習の時間を比較した。一三個の綴り八リストの学習で一六三回の二重テストを行った。時間間隔は三分の一時間、一時間、九時間、一日、二日、六日、三一日である。忘却は最初、急激に起こり、その後は緩やかになった。その結果を図5・4に示した。これが有名な忘却曲線である。

エビングハウスは忘却のデータを近似的にデータの当てはめを行い、数式で表現した。bを再学習での節約量、tを再学習の時間間隔、vを第一学習からの忘却量とすると、$\frac{b}{v}=\frac{k}{(\log t)c}$となる。なお、$k=1.84$、$c=1.25$という定数である。言葉で表現すると、節約量と忘却量の比は、その時間間隔の対数のべき乗に逆比例する。大まかには、時間軸を対数に変換すると、忘却曲線は直線状になる。

†合計時間仮説や忘却曲線は正しいか

合計時間仮説は、エビングハウス個人のデータに基づいている。記憶材料は無意味綴りで、機械的な繰り返し学習という制約があることを忘れてはならない。ポウストマンとウォリン[103]は一四四名の大学生で、リストの長さや提示時間に関係なく、この法則が成立することを再確認した。

ただ、この合計時間仮説は、学習の時間配分によって変化する。アンダーウッド[104]は、文章、単語、無意味綴りを学習する場合、一度に学習する集中学習よりも、休憩を何度も挟んで学習する分散学習の方が効果的であることを示した。特に学習回数が増えるほど、その違いは大きくなった。

集中学習は、学習者の能力が高い場合や学習材料に統一性がある場合に有利であるが、一般的には、分散学習の方が有利である。この理由として、休憩時に疲労の蓄積が進まず、記憶の定着が進行し、多くの再生手がかりが得られること、などが挙げられる[105]。

忘却曲線も、エビングハウス個人のデータに基づいている。無意味綴りを数百回、機械的に繰り返して学習するという制約下にある。

忘却量と時間の関係は複雑である。

リントン[106]はエビングハウスと同様、自分自身を被験者にして、六年間にわたって毎日の出来事を記録し、毎月、以前に記録した出来事が記憶に残っているか、テストした。エビングハウスとの違いは、有意味で記憶しやすい項目を使っていること、手がかり付き再生法を使用していること、六年間という長期にわたる研究であること、であった。驚いたことに、忘却はほとんど直線的で、年率五～六％と、比較的安定していた。

手がかり再生法は、ゴールトンが一八七九年に始めた方法である。この方法は、生きている間に、誰でも同じ数の出来事を経験したと仮定している。ルービン[107]は、手がかり再生法で、自伝的記憶の実験を行った。その第二実験では、八四名の被験者に五〇の出来事を調査し、四一六九のエピソードを時間軸で整理した。結果を図5・5に示す。対数に変換した時間と、人生の一時間当たりの記憶量との間に、ほぼ直線的な関係があった。

また、ルービンら[108]は、手がかり再生法三種類、再認法、再生法[109]、の各条件一〇〇名で、〇～九九の介在項目を入れて一〇種類の遅延再生か遅延再認を行った。データの当てはまりを検討すると、$y=a_1e^{-t/1.15}+a_2e^{-t/T2}+a_3$ で表現できるという。e は自然対数の底で、2.71828……である。t は時間、$T2$ は定数である。つまり、忘却量は時間の対数ではなく、

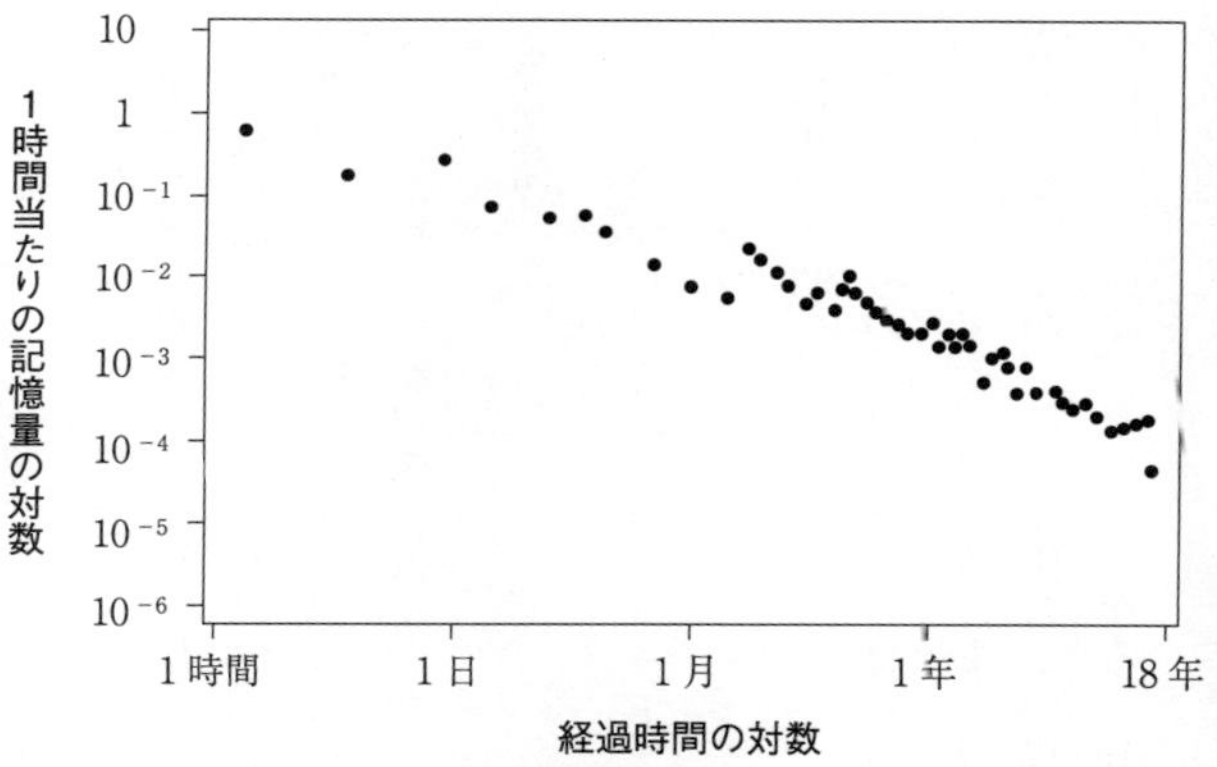

図5・5　記憶量と経過時間を対数軸にプロットすると、直線的な関係がある。

時間のべき乗に関係している。

シクストレーム[110]も、ルービンらのデータを検討し、忘却曲線を指数関数とべき関数で記述した場合の説明率を比較した。指数関数は○・七六、べき関数は○・八四であり、忘却曲線はべき関数で記述した方が説明率が高くなった。

べき関数で記述すると、ニューラル・ネットワークのモデルと馴染むようだ。干渉説に基づく忘却（後述）の予測式は、$d'(t)=\beta\int_0^\infty \eta'(x)\,(1-Min[\eta'(x),1])^{t+1}dx$ となる。t は情報の解読から検索までの時間、$d'(t)$ は時間の関数としての保持量、η は学習速度、x は重みづけられた変数、である。この式は、モデルから数学的方法で演繹され、シミュレーションも行われた。制約条件付きの重みは、シナプスの可塑性に、学習速度の変動は神経のネットワークに該当すると仮定できる。

エビングハウスは、一世紀以上前に、計量心理学的手法で、データに数式を当てはめた。その数式は、次第に神経心理学的な数学的モデルに発展した。そして、そのモデルで、集中学習と分散学習の差異、項目再認時の急激な忘却なども説明されるようになった。恐るべし、エビングハウス。彼が向かっていた方向は正しかったようだ。

†忘却理論

忘却はなぜ起こるのか。プラトンは『テアイテトス』（191C–195）[111]の中で、当時の忘却理論をソクラテスに語らせている。それによれば、人は心の中に蠟《ろう》を持っていて、その蠟には小さい物、清らかなもの、汚いもの、ひからびた物、柔らかい物などがある。記憶しようと思うもの、その感覚や思いつきにあてがうと印刻が生じる。印刻が蠟の上に存在する限り、それを記憶するが、拭《ぬぐ》い去られたり、印刻されなかったものは、忘却する。蠟が清純でないとか、ひどく柔らかい場合は、物分かりはよいが、物忘れの多い人となり、干からびていれば、その逆となる。心の小さな人の印刻は重なり合うため、不明確さはいちだんと甚だしい。

古代ギリシャの時代には、記憶痕跡、再認、再生、検索の概念は成立していた。記憶痕跡は時間と共に減衰するが、一方、記憶痕跡が重なり合い、干渉が起こって忘却するとも考えられた。これが自然崩壊説と干渉説で、現在まで受けつがれている。

†自然崩壊説

記憶痕跡が時間と共に崩壊し、弱くなっていき、消失すると忘却が起こるという仮説である。直感的には正しく感じられるので、心理学の素人に支持されている。この仮説に従えば、記憶痕跡は時間経過のみで消失するので、崩壊は受動的である。この仮説を確認するには、被験者に何かを記憶させ、一定の時間、完全に何もしなければ、忘却が起こることを示せばよい。

ピーターソン夫妻[112]は短期記憶の画期的な実験を行った。被験者はPSQのような子音系列を聞き、その後、一九七のような数字を聞く。被験者は、この数字から三ずつ引いた数、一九四、一九一、一八八、……と口に唱える。そして再生の合図があった時に再生する。非常に簡単な課題である。被験者は保持時間の間、逆算をするだけで、リハーサルはできない。つまり、記憶を保持する努力は何もしないと仮定できる。保持時間は三〜一八秒であった。再生率は、三秒後では七八%だったが、一八秒後には八%まで低下した。つまり、自然崩壊説を支持するような結果であった。

ピーターソン夫妻の研究は、短期記憶と長期記憶に区分するモデルを支持するが、記憶作業が不自然で、生態的妥当性が乏しいとされる。この仮説は、短期記憶に限定すれば、支持する証拠が少しある。しかし、記憶痕跡が失われるメカニズムは何一つ説明できない。

†干渉説

学習された材料が相互作用を起こし、忘却が起こるという仮説である。行動主義的には、刺激Aが学習されると反応Bが学習される。学習が成立するとAとBの連合は維持されるが、刺激Aに対して別の反応Cが学習され、Bの連合よりも強くなると、反応Bが忘却される。干渉には二つあり、先行学習が後行学習に影響を与える場合を**順向性干渉**、後行学習が先行学習に影響を与える場合を**逆向性干渉**という。

ピーターソン夫妻の研究は、被験者を二つの練習試行に参加させた後、四八試行も行った。記憶作業を五〇試行も行っていれば、先行学習の影響はかなり大きい。ケッペルとアンダーウッド[113]は、被験者二一六名に一〜三試行だけ記憶作業をさせて、一試行目、二試行目、三試行目の成績を調べた。三〜一八秒間の保持時間で、第一試行目は忘却が起こらず、第二、第三試行の無意味音節の綴りのみ忘却が起こった。つまり、自然崩壊説は支持されず、干渉説が支持された。
ウォーとノーマン[114]は、保持時間と介在項目数を自在に操作し、どちらが忘却に影響を与えるかを調べた。例えば、コンピュータのディスプレイに、次のような数字が一つずつ提示される。

一四七九五一二六四三八七二九〇＊五

＊は信号音である。一六番目の数字はプローブ数字で、前の一五個の数字のどれかと同じである。まず、被験者は、この一六個の数字を順に覚えていく。信号音が鳴ったら、プローブ数字に続いていた数字を答える。この場合、五の次は一が続いていて、これが正解である。時間経過は、数字の提示速度を一文字に付き四秒と一秒の条件を比較する。介在項目数は、プローブ数字と先行数字の間を操作する。これがプローブ法である。このようにすると、忘却が時間要因によるのか、介在項目数によるのか、実験的に検証できる。実験の結果、数字の提示速度に関係なく、忘却は介在項目数の要因で決定されることが分かった。つまり、短期記憶でも自然崩壊説[115]より干渉説の方が正しかった。
ウォーとノーマンの実験はゼミ生の福田が追試実験を行い、同様の結果を得た。PC－

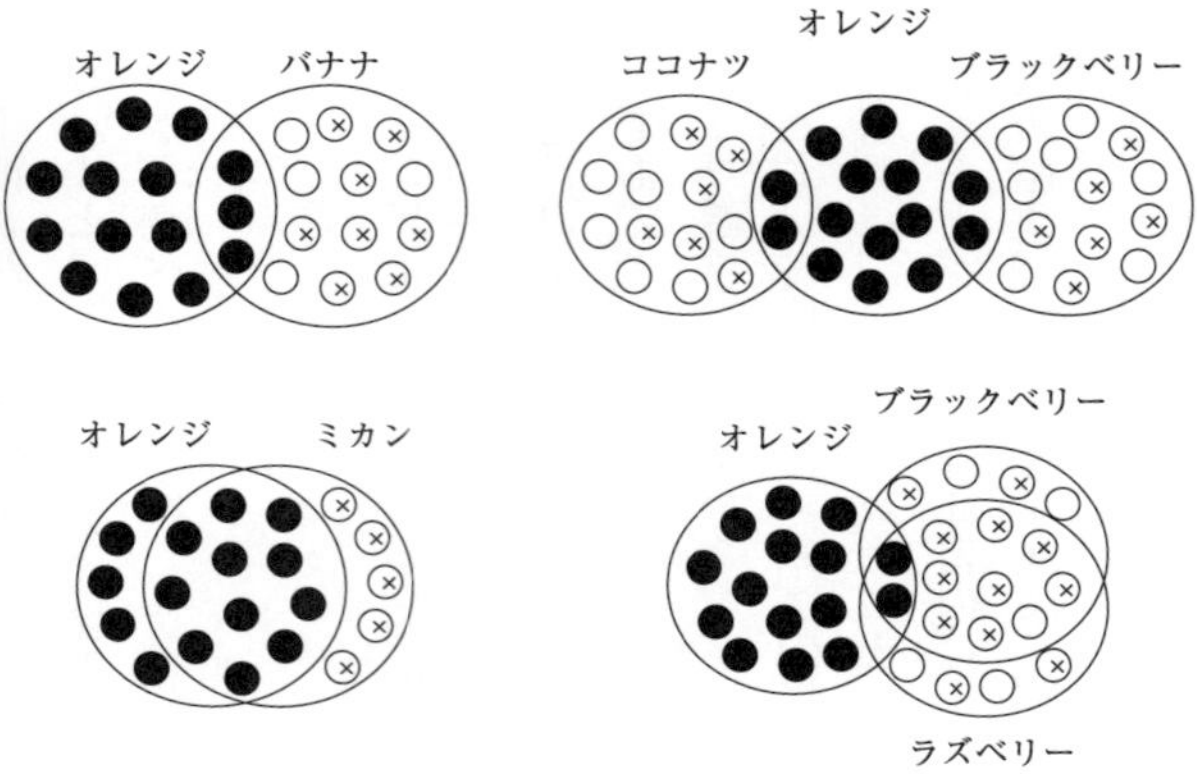

図5・6　類似性は、目標反応と競合反応の類似性、競合反応と競合反応の類似性の二つの側面があり、メカニズムを区別する必要がある。

8801でBasicのプログラムを書いた思い出がある。

†条件付けで干渉説を説明する

干渉説は短期記憶や長期記憶の忘却をよく説明し、支持する証拠も多い。学習材料がよく似ていると、干渉量は最大になり、学習材料の類似性が低いと干渉量は最小になる。アンダーソン[116]による二要因モデルの干渉メカニズムを図5・6に示す。

記憶すべき項目がベン図で示されている。項目内の要素は小さな円で示されている。条件付けの学習の原理から、記憶を検索すると●の活動水準が上がり、○の活動が下がると仮定される。図の左側は、目標反応と競合反応の類似性を表す。目標反応はオレンジである。オレンジとミカンのように類似性が高い場合は、共通部分が強化されるので、競合反応のミカンも強化されてしまう。図の右側は、競合反応同士の類似性を示す。類似性が高い場合は、オレンジを検索することによって、ブラックベリーとラズベリーの共通部分が制止され、大きな忘却が起こる。アンダーソンによれば、忘却は受動的に起こる現象ではなく、既存の学習に新しい学習を上書きしたり、検索に伴う条件制止によって起こるという。

†記憶のためのプラン

一九五〇年代に、G. A. ミラー[117]は情報理論を心理学に導入し、神経心理学のプリプラムと数理心理学のギャランターと共同研究を行い、一九六〇年に『プランと行動の構造』という著作を発表し、心理学に認知革命を引き起こした。

ところが、『プランと行動の構造』には何のデータも載ってない。〝プラン〟についてのエッセイ集である。ミラーらの主張は、一言で言えば、心理学は、仮説設定―操作―仮説検証―終了（TOTE単位：Test-Operation-Test Exit）というフィードバック・ループを研究対象とすべきであるということである。TOTE単位はプランの一種であるし、TOTE単位が階層的に複合されたものもプランである。

ある日の夕方、ミラーたちは、同僚の社会心理学者を客としてもてなしていた。話題がプランのことに及ぶと客は、「そもそも、プランとはなんですか。記憶がプランに依存しているると、どうして分かりますか」と尋ねた。

ミラーたちは「これが記憶に用いるプランです。まず、最初に覚えてくださいと言った。

一（ワン）は小さなパン（バン）
二（トゥー）は靴（シュー）
三（スリー）は木（ツリー）
四（フォア）はドア
五（ファイブ）はミツバチの巣（ハイブ）
六（シックス）は棒（スティックス）
七（セブン）は天国（ヘブン）
八（エイト）は門（ゲイト）
九（ナイン）は線（ライン）
十（テン）は雌鳥（ヘン）

[118]単純な語呂合わせで、韻を踏んでいる。客は時差惚けで、疲れ切っていたが、簡単に覚えた。その後、ミラーたちは、数字と単語を読み上げるので、何らかの連想を作るようにと言った。覚えるべき単語は以下の通りである。

一　灰皿
二　薪
三　絵
四　たばこ
五　テーブル
六　マッチ
七　コップ
八　明かり
九　靴
十　蓄音機

単語は一つずつ、読み上げ、連想ができたという報告を待ってから、次の単語に進んだ。一つの連想ができるまでの平均時間は五秒だった。リストが終わって一、二分してから、「八番目の単語は何ですか」と尋ねた。「驚いたな。明かりだよ」と答えた。彼は、ぼんやりしていたが、気持ちよさそうに、すべてを正しく思い出した。

エビングハウスや、その後の行動主義心理学者は、単純な繰り返しによって記憶が増強されると考えた。確かに、機械的に繰り返せば、記憶は増強されるが、非常に効率が悪い方法である。ミラーたちは、簡単なデモンストレーションで、記憶がプランに依存することを示した。この方法は**ペグ法**という単純な記憶術である。

†記憶術の原理

文字のない時代は、歴史は口承文学という記憶に依存していたし、文字ができても、記憶力は重大な関心事だった。どのようにすれば、多くの情報が保持できるか、古代から工夫が積み重ねられてきた。その方法を簡単にまとめておく。[119]

†定位法

記憶すべき内容を、馴染みのある場所に配置する方法で、ギリシャ時代から行われていた記憶術である。イギリスの歴史家イェーツが『記憶の方法』に記録している。これは大昔の記憶術の教科書で、ギリシャの詩人シモニデスの逸話から始まり、公式的な体系の説明へと進む。その逸話を紹介しておこう。

シモニデスは、テッサリアの貴族スコパスの宴に参加していた。シモニデスが主催者をたたえる叙情詩を朗詠した。ところが、その中に双子の神カスターとポルックスを讃える一節が入っていた。スコパスはシモニデスをさげすみ、この賛美に見合う半額しかお前にはやらない。残り半分は双子の神からもらえと言った。しばらく後、二人の若者が門の外で待っているというメッセージを受けた。シモニデスが宴から抜けて外に出ると、誰もいなかった。その時、宴会場の天井が落ちてしまい、スコパスとお客の全員が瓦礫の下敷きになって押しつぶされた。死体はめちゃくちゃになり、肉親が判別できないほどであった。しかし、シモニデスは彼らがテーブルに着いていた場所を思い出し、それに基づいて肉親たちに教えることができた。姿なき神カスターとポルックスは、天井が崩壊する直前にシモニデスを呼び出し、賛美に対する報酬を払ったことになる。この経験からシモニデスは記憶の方法の原理を知り、その発明者と言われることになった。

定位法に使われる場所は、ギリシャ神殿など、馴染みがあり、変化に富んでいる場所が用いられた。ギリシャの雄弁家は、まず、演説内容をいくつかのトピックに区分してイメージに置き換える。例えば、戦争のトピックであれば斧のイメージが用いられた。次にそれらのイメージをよく知っている建物の中に配置する。演説中には、空想の中で、その建物の中を歩き回り、話すべき内容を順に想記し、すべてを漏れなく演説した。

この方法は、場所法、あるいは定位法と呼ばれ、中世の修道院では瞑想訓練法として、宗教改革後の百科全書派では思考モデルとして用いられた。[120]

†キーワード法

一〇項目以上を覚える時は、韻を使って組織的にキーワードを作る。ヨーロッパでは、数字―子音アルファベットが一六世紀の初めから使われてきた。

この数字―アルファベット一覧表を使って、一から一〇〇以上、数百のキーワードが作成できる。例えば、一はhat、二はhen、三はham、……一四はdeer（鹿）となる。もし、一四番目がヨットなら、鹿がヨットを操縦しているシーンを思い浮かべるだけでよい。数字のイメージと覚えるべき物のイメージを重ね合わせれば、二度と忘れられ

数字	音	規則
0	s、z	零（cipher）またはゼロ（zero）のsとz
1	t、d	一本の垂線がある
2	n	二本の垂線がある
3	m	三本の垂線がある
4	r	four は r で終わる
5	l	ローマ数字でLは50を表す
6	ch、sh	six の発音が似ている
7	k、ng	k は 7 に似ている
8	f、v	f は 8 に似ている
9	p、q	形が似ている

表5・1　数字―アルファベット一覧表

なくなる。

キーワード法は、古典的な記憶術の方法だが、最初に数百のキーワードを頭にたたき込む必要がある。大昔、私は、学生時代に日本語化した記憶術の本を購入したが、この最初の段階で挫折したことがある。意味不明の内容を頭に入れるのは難しい。モチベーションも維持できない。

†記憶術の効用

$\sqrt{2}=1.41421356$を記憶するのに、「ひとよひとよにひとみごろ」と語呂合わせを使った人も多いだろう。無意味な材料でも語呂合わせをして意味を与えると、記憶されやすい。記憶術にはすべて共通性がある。

・学習材料を何らかの形で構造化すること。無意

図5・7　スペイン語の単語イメージと、英語の意味のイメージを相互作用させる。

味な材料でも何らかの意味を与えると記憶されやすい。

・記銘時に視覚イメージを利用していること。視覚イメージが伴わない学習材料でも、それを表す視覚イメージを考案する。

アトキンソン[121]は外国語の単語の学習成績の個人差が大きいことに気づき、キーワード法を応用した。その原理を図５・７に示した。覚えるべきスペイン語の単語ＰＡＴＯに発音がよく似た英語の単語ｐｏｔを選んで視覚イメージを作る。次に、スペイン語の単語ＰＡＴＯが表す意味ＤＵＣＫの視覚イメージを作り、それらの視覚イメージを重ねて記憶する。カモがポットを被っているイメージである。カモとポットのイメージは、別々に思い浮かべるのではなく、相互に接触していると、記憶されやすい。

ロシア語の一二〇単語で三日間の記憶実験を行ったところ、キーワード法では七二%、機械的繰り返し学習では四六%の成績であった。六週間後のテストではキーワード法が四三％、機械的繰り返し学習法では二八％となり、キーワード法が一貫して優れていた。
イメージを用いた記憶術は強力で、外国語の入門段階では確かに効果がある。しかし、その後の長期的な学習にどのような影響を与えるのか、科学的研究はほとんどない。[122]
最近の研究では、オウハーラら[123]は六〇歳以上の高齢者一一二名で、定位法で記憶の訓練を二週間行って単語を記憶した。そして、五年後に再生テストを行った。記憶術を使った人は再生成績が良く、長期的な利点があると主張した。ただし、ジョーンズら[124]によると、高齢者では、視覚イメージを作ったり、情報を結合するのが難しく、記憶術の利用が困難になってしまう。そのような高齢者は、後頭頭頂葉と左側頭葉中間部の機能が低下していることが分かった。脳の機能維持に記憶訓練がどのような影響を与えるのか、まだ、十分には解明されていない。

†記憶のための最良の戦略とは

記憶力の改善は、古来から人類の重大な関心事であった。記憶力に関係する神経系を組織的に増強する方法は存在しないし、加齢につれ、脳の生理学的機能は衰えるし、神経細胞の数も減少する。単純に記憶の練習をすると、干渉効果が大きくなり、ますます忘れやすくなる。エビングハウスはこれを身をもって実証した。

記憶力は改善できないが、記憶方法は改善できる。この一つが記憶術の利用である。ただ、記憶術は学習材料を人工的な方法で**体制化**し、記憶に留めようとする。記憶術は短期的には有用だが、長期的には効果がない可能性がある。しかし、学習材料をよく理解し、**精緻化**すれば、長期記憶に留めやすいことは分かっている。

私は、時折、英語の単語を覚える時、語源辞典を調べて、ギリシャ語やラテン語などの語根を調べ、言葉の構造を理解してから記憶している。若干時間はかかるが、一度、覚えると、あまり忘れない。この方法は、言語の成り立ちを理解するという自然な方法なので、弊害もない。理解して覚えると忘れにくいし、学習転移[125]も大きい。

合計時間仮説も大局的には正しい。学習に多くの時間を割き、緻密に学習材料を理解すれば、記憶量も最大化できる。個人によって、記憶の蓄積スピードは違うが、可能な限り多くの時間を費やし、よく理解することが、記憶への近道である。

第6章

人と人の間で

†ある雨の日に

昔々のこと。小学校二、三年生の頃ではないかと思う。父は私が物心ついた時には病死していた。母は親戚の世話になるのが嫌なので、大阪の妹の家に居候し、働き場所を探した。数ヶ月かかって、やっと小さな塗装工場を見つけた。月給ではなく、日給での生活だった。ひどく落ちぶれていた時期である。家を借りるお金はなかったが、留守番兼用で、工場の屋根裏部屋に住むことができた。

雨が降ってきた。学校からの帰り、家の近くまで来た時のことだ。雨に濡れながら歩いている青年がいた。私はふと思いついたように声をかけた。

「傘、貸しますよ。家、この近くだから。ほら、こっち」

私は、この青年を家に連れて行き、母に言った。

「傘、貸してあげて」

母は、私が見ず知らずの人間を連れてきて傘を貸せというので、びっくりしてしまった。不承不承ながら、傘を持ってきた。私は、傘を青年に差し出した。

「ありがとう、ございます」

たぶん、青年はこう言って、お辞儀をしたと思う。青年が立ち去った後、母は絶対に傘は戻ってこないと、私を責めた。私はなぜか、彼が傘をきちんと返却するという自信があった。それで、母の愚痴には耳を貸さなかった。

二日後、私のいない時に、青年は傘を返却に来て、お礼を言ったという。母は安堵した表情を見せた。現在と違い、雨傘は高価で、簡単に買える物ではなかった。

なぜ、こんなことをしたのか、動機は分からない。困っている人がいたので、単に助けたかっただけだったと思う。私は、幼い時から父に連れられて、あちこちに出かけていた。物心が付く前から大人の世界にいた。未知の人物がいれば、この人は自分にとって良い人か、悪い人なのか、即座に判断していた。何時の間にか、本能的に人を見抜く力が養われた。今でも、この能力は他の人よりは数段勝っていると思う。だから、この青年は、きちんとした、傘を貸しても返却する人だと、一目で判断していた。

†他者を知る

人間は、集団を作って、生き延びて、進化して来た。人間は群居性の動物である。そのため、対人関係は主要な関心事である。相手がどんな人間であるか、相手が自分をどのように見ているかを、常に気にしている。未知の相手に出会った時、その相手は友好的態度をとるだろうか。それとも自分を攻撃してくるだろうか。

対人関係は一対一から一対多の場合まであり、社会心理学という領域で研究が進められている。限られた情報の中で、未知の人間を判断する過程のことを印象形成という。また、相手の性格、感情や意図、対人関係などを推理する過程を対人認知と呼ぶ。

†どのように印象が形成されるか

最初に古典的な研究を行ったのは、アッシュ[126]である。彼は「性格特性をいくつか読み上げますが、これはある人物の性格特性です。よく聴いて、その人の印象をまとめてください」と言ってから、大学生に形容詞を七つ、ゆっくりと二度読み上げた。形容詞は二系列あった。

- 知的↓器用な↓勤勉な↓温かい↓決断力のある↓実際的な↓用心深い
- 知的↓器用な↓勤勉な↓冷たい↓決断力のある↓実際的な↓用心深い

大学生九〇名は「温かい」系列を聞き、大学生七六名は「冷たい」系列を聞いた。アッシュは両群の全体的印象を比較し、「温かい」、「冷たい」という形容詞が他の形容詞よりも大きな影響があると主張した。

その後、ケリも[127]大学生五五名に大学講師を紹介し、その印象を尋ねる実験を行った。講師の紹介文を以下に示しておこう。

○○○さんは、マサチューセッツ工科大学の社会科学の大学院生です。他の大学で、心理学を三学期、教えたことがありますが、ここで教えるのは初めてです。彼は二六歳のベテランで、既婚者です。彼を知る人は、彼のことを、相当に**温かい**人で、勤勉で、批判力があり、実際的で、決断力があると言っています。

これは「温かい」バージョンであるが、「温かい」だけを入れ替えた「冷たい」バージョンの紹介文も作成し、両紹介文をランダムに取り混ぜて配布した。○○○さんの紹介後、第一印象を質問紙で評価した。すると「冷たい」紹介文を配布された学生は、「温かい」紹介文の学生と比べると、講師を自己中心的で、堅苦しい、非社交的な、人気がない、ユーモアがない人であるという印象を受けていた。

アッシュやケリは、全体とは部分の単純な総和以上のものであるというゲシュタルト[128]心理学の立場で研究を行った。印象を I、印象の要素を $a, b, \ldots$ 全体の配置の影響を G とすると、$I = a+b\cdots+G$ であることを実証しようとした。ところが、その後の研究では、

Gは必要でなく、$I = a + b + \cdots$で十分に近似できることが分かった。それでは、なぜ「温かい」や「冷たい」が重視されたのだろうか。

ウィリアムズ[129]は、大学生一八〇名に性格を記述する形容詞三〇〇語の重要度評定を行わせた。すると、外向性と協調性が重視された。続いて、大学の教職員六九名が評価したところ、良識性が高く評価された。最後に、心理学の入門コースの学生一〇九名が評価したところ、協調性が高く評価された。つまり、重視される性格次元は文脈で異なってくる。一般的な場合は外向性と協調性、仕事関係では良識性、人間関係では協調性であった。アッシュらの「温かい」と「冷たい」は大きな影響があったが、これは、学生達が人間関係を重んじた結果、協調性次元が重視されたものであろう。

†第一印象は

第一印象は非常に素早く形成されるようだ。カーニら[130]は、初対面での会話を交わす大学生の五分間のビデオを作成し、大学生三三一名に見せて、性格判断の正確さを調べた。ビデオを見せる条件は、五秒、二〇秒、四五秒、六〇秒、三〇〇秒という時間条件で、ビデオ場面も最初、真ん中、末尾を見せる条件であった。五秒間の提示条件でも、否定的情動、外向性、良識性、知性は、かなり正確に判断できたが、肯定的情動、情緒安定性、知的好奇心、協調性は、正確な判断まで多くの時間が必要であった。ただ、六〇秒間であれば、判断はかなり正確になった。また、ビデオの二～三分目と四～五分目を見た場合、判断がもっとも正確であった。

外向性次元の第一印象は、もっとも正確で、初対面の頃から親しい間柄になる頃でも、あまり変化しない。外向性や内向性は、外部から観察できる行動的な手がかりが多いので、印象形成も素早いし、正確になると思われる。知的好奇心も比較的安定して認知される。ところが、協調性、良識性、情緒安定性は、第一印象と矛盾した出来事が少しあると、簡単に変化してしまうようだ。[131]

†判断は好意的な方向に歪む

他者を正確に判断できる人はどのような人か。最近の研究では、レッツリング[132]が大学生五〇六名で、大規模な実験を行っている。評価対象者は一四〇名程度で、三名の相互交渉の場面を五〇分から三時間のビデオに収め、それを見知らぬ参加者が観察して性格の判断を行った。評価対象者と参加者も、多数の心理テスト、行動観察、インタビューを受けた。その結果、正確な判断に関係したのは、協調性で、〇・二四の相関があった。一方、支配性、執念深さ、権威主義、冷たさなどは、マイナス〇・三〇～マイナス〇・二二と負の相関があった。つまり、他者を正確に判断できる人は、協調的で権威主義的でない人であった。

ただ、認知は一般的に肯定的な方向に歪む。一九五四年にブルーナーとタージーウリは対人認知で他者が肯定的に評価される現象を寛大性効果と呼んだし、一九六九年にバウチャとオズグッドは、あらゆる状況で肯定的な感情を抱く傾向をポリアンナ・バイアスと呼んだ。

シアズ[133]は、大学教員の人物評価等、現実場面で大規模な調査研究を行った。評価対象者はUCLAの教員で、一四学期、総計三〇万程度の教員評価データである。研究一では、中央の得点が五に対して、評価平均は七・二二と高得点にずれていた。研究二では、心理学の教授の評価で、これは七・〇四あった。研究三と研究四の肯定的に評価された教員は九七%と九二%で、ほとんどの教員は肯定的に評価されていた。シアズは一一の研究を行った結果、個人は圧倒的に好意的に評価される傾向があると論じ、このような傾向をパーソン・ポジティビィティ・バイアスと名付けた。現在では、この名称が広く使用されている。

†なぜ人を好きになるのか

人は必要以上に好意的な関係を持とうとするらしい。人間が群居性の動物として進化してきたためであろう。心理学では、昔は愛情欲求や親和欲求、現在でも、友愛行動や援助行動というテーマで研究が行われた。一方、孤独欲求とか、嫌悪欲求という術語はないし、研究されることもない。心理学の研究テーマですら、好意的な方向にバイアスがかかっている。では、好意はどのような条件の時に形成されるのだろうか。

†自分に似ているから

バーンとネルソン[134]は、大学生一六八名で態度の類似性と対人魅力を測定し、自分と良く似ている人には好意を抱くという類似性仮説を提案した。そして、七九〇名のデータで、未知の人との態度の類似性が大きくなると、その人の魅力度も増加し、その間には直線的な比例関係があることを示した。

この類似性仮説は、支持する研究もあるが、支持しない研究もある。類似性をどのように測定するかという方法論上の問題があるらしい。例えば、ヘンダーソンら[135]は、性格、欲求、社会的技能、信念を心理テストで測定し、密接な友人や知人での比較研究を行ったが、結果には一貫性がなく、類似性仮説は支持されなかった。類似性と好意との相関があるにしても、その値は非常に小さいと予想される。

†正直な人だから

ポーノネン[136]は、対人魅力について、肉体的魅力以外に、知性と独立心と正直さが、どのように影響するかを調べた。刺激はケリと類似の仮想的な学生の人物描写（一八七ページ）であるが、ターゲットの性別、知性が高いか低いか、独立的か従属的か、正直か嘘つきか、の要因を入れた一六の描写を作成し、男性、もしくは、女性の写真と共に、大学生二五六名に見せて、性格評定を行わせた。分散分析の結果、各要因は統計的に有意であった。共分散分析によると、もっとも対人魅力に影響する要因は、正直さであり、続いて知性と独立性がある。知性が高い場合は、独立心も高くないと魅力的ではなく、知性が低い場合は、従属的な方が魅力的と判断される。

最近のビッグファイブの枠組みでは、正直さは良識性、知性は知的好奇心に該当する[137]。独立的／従属的は性格次元とは直接的には対応しない。つまり、良識性の高い人は無条件で好まれるし、知的好奇心が高く独立心旺盛な人と、知的好奇心が低く依存的な人も好まれる。

†嘘をつくと

嘘つきは嫌われる。直感的には正しいはずだが、嘘だと分かった時に、人々がどう振る舞うか、実証的に研究した研究はほとんどない。タイラーら[138]は、嘘つきが嫌われることを実験的に検証した。被験者は大学生二〇六名（男女同数）で、一〇分間の会話を行い、ビデオに収めた。被験者をランダムに二群に分割し、半数はパートナーの性格などを評価し、半数はパートナーの嘘を確認するように求めた。分散分析の結果、嘘の頻度は好意度と負の関係があり、嘘つきは嫌われる傾向が確認された。女性の被験者は男性より嘘が多かったが、性別は好意度とは関係が無かった。

†好かれるから好きになるのか

社会心理学で、好かれるから好きになるという好意の返報性という理論がある。この理論は、一応は支持されているが、同時に、返報性が友人関係で常に成り立つ訳ではない。それに、まず片方が好意を寄せないと、返報性は始まらない。なぜ、好意が始まるのか、この理論は何も説明しない。

ヴァケラら[139]は、大規模な社会調査を行って、この理論を検証した。調査対象は高校八〇校で、アメリカ全体からランダム・サンプリングされた。被験者総数は九万人に及んでいる。最初に選ばれた同性を友人と定義し、返報性との関係を調べた。友人関係は二六〇〇〇名を超える。主な結果を示しておこう。

・異なる人種[140]では返報性が一五%、同じ人種では返報性が八五%である。
・性別の分析では、男性では返報性が四〇%、女性では六〇%である。
・人種別では、白人では返報性が六四%、黒人では一六%、ヒスパニックでは一五%、アジア人では五%、ネイティブ・アメリカンでは一%である。

返報性は重要であるが、返報性はすべてではない。友人が同じ人種の場合は返報性が多い。人種別では白人の友人関係で返報性が多く、その他の人種では返報性が少ない。好意の返報性理論は、部分的に当てはまる場合があるが、人種、すなわち、文化が違うと、まったく当てはまらない場合もある。

†身体的魅力の進化論的解釈

進化論には逃げ切り（ランナウェイ）仮説と優良遺伝子仮説がある。逃げ切り仮説は、性の選好の基準が生存とは無関係なので、非適応的な特徴にまで発展してしまう。一方、優良遺伝子仮説では、生存に有利な形質が選好されるとする。どちらの仮説が正しいのか、現状では判断できない。いくつか、男性と女性の身体的特徴について、実証的な研究を挙げておこう。

・人間では性的二形性は顕著ではないが、男性は女性より背が高く、肩幅も大きい。この特徴は、男性間、および、男女間の闘争の歴史を反映している可能性がある。しかも、男性の身体的魅力の七六%は、肩幅と腰の比率で説明できる。上半身が大きいと闘争や狩猟で有利である。女性が身体的能力の優れた男性を適応的に選好したためかもしれない[141]。

・顔も性淘汰を受けていると思われる。左右対称的な顔は魅力的とされる。非対称的な顔が不適応や重大な疾患に関連するからであると考えられる。また、集団の特徴を平均化した顔も魅力的とされる。これも平均的な顔の人は、適応上、問題が無いからである。平均的でない特徴が少し追加されると魅力が増す。大きな眼が好まれるのは、大きな眼は疾病に罹患していないことの証明である。男性ではテストステロンの影響で、頬や顎の骨が横に、目の縁と顔の中央が前に、顔の下半分が下にせり出す。ところが、イギリスと日本での研究では、女性は、このような男性的な顔よりも、平均的か、女性的な特徴を好む[142]。必ずしも男性的な男性が好まれる訳ではない。

・男性の髭は性淘汰の結果かもしれない。しかし、女性には髭が魅力的でないという研究も多い。社会的地位の高い男性は、女性には好ましいと見なされる。男性の社会的地位は年長になると上昇するし、加齢と共に髭も伸びる。女性には社会的地位の高さは魅力的だが、老齢は魅力的ではない。髭を剃ると、若く見える。それで、髭を剃って、女性に若くて元気であると示すのかもしれない。中近東やヨーロッパ以外では、髭を生やさない文化も多いし、髭が特に高く評価される訳でもない。人間の髭は、ライオンのたてがみとは異なるようだ。髭はアンビバレントな存在である。

・女性の身体の特徴は、大きなバスト、大きなヒップ、くびれた腰、肌の白さなどで、これも性淘汰の結果かもしれない。すると、WHR（ウェストとヒップの比）は女性の身体的魅力に関係するはずである。しかし、実際にイギリスとマレーシヤで行った調査では、WHRには予測力がなく、影響力は一〜九％の間であった。一方、BMI（ボディマス指数）[143]には予測力があり、影響力は八〇％前後もあった。BMIで二一程度が魅力的と見なされる。ただ、都市部では痩せた体型が好まれる傾向がある。[144]

進化心理学の仮説は興味深いし、多少の真実はあるかもしれない。しかし、検証できなかったり、推測に過ぎないこともある。理論的予測が外れることも多い。また、典型的な後付の説明にしか過ぎないこともある。進化心理学の仮説は、十分な根拠があるのか、常に注意が必要である。

†理想的なパートナーは

フィゲレイドゥ[145]らは、大学生一〇四名に現実の自分と理想のパートナーをビッグファイブを測定する質問紙で評価させた。それらの相関を調べると、外向性〇・六〇、協調性〇・七三、知的好奇心〇・八一と高く、良識性〇・三六、情緒安定性〇・三八と低かった。理想のパートナーは外向性、協調性、知的好奇心では自分とよく似ていて、かつ、自分より良識的で、自分より情緒が安定している人であった。

シャクルファド[146]らは、どのようなパートナーが好まれるのか、大規模な調査を行った。被験者総数は九八〇九名（六大陸に及ぶ三七サンプル）、一七〜三〇歳で、八六％は未婚であった。一九四五年から広く使われてきた一八項目のチェックリストを用いて、自己評価のデータを収集した。主成分分析を行うと、チェックリストは四つのグループに分類された。各主成分の得点を男女別に求めて、性差を調べた。

愛 対 地位／資源　「お互いの魅力＝愛」に正の、「確かな資産の予想」、「社会的地位が好ましい」、「野望と勤勉性」に負の関係を持つ成分である。影響力は一〇%で、男性の方が重視している。性差は、三七のサンプル中二七にあり、男性の平均得点は「愛」、女性は「地位／資源」の方向にある。

信頼できる／確固とした 対 立派な外見／健康　「信頼できる性格」、「情緒的安定性と成熟性」に正の、「外見が素晴らしい」、「料理と家事が上手」、「健康的」に負の関係を持つ成分である。影響力は八・六%で、女性の方が重視している。性差は、三〇サンプルにあり、男性の平均得点は「立派な外見／健康」、女性は「信頼できる／確固とした」の方向にある。

教育／知性 対 家庭と子供への渇望　「教育と知性」、「類似の教育歴」、「類似の政治姿勢」に正の、「家庭と子供への渇仰」、「純潔」に負の関係を持つ成分である。影響力は八・六%である。性差は、二〇サンプルにあり、男性の平均得点は「家庭と子供への渇望」、女性は「教育／知性」の方向にある。

社交性 対 同じ宗教　「社交性」、「楽しい気質」に正の、「同じ宗教的背景」に負の関係を持つ成分である。影響力は七・四%である。性差は、二サンプルにしかない。

調査結果を平易に表現すると、男性にとっての理想的なパートナーは、愛情があって、健康的で、家庭や子供を大事にする、自分に忠実な美人であるようだ。男性の生殖可能期間は長く、多くの女性と関わることが可能であり、子育てに密接に関わっていないので、資源の投資も少ない。それ故、女性には、身体的健康や愛情を要求し、家庭に留まらせるということだろうか。

一方、女性にとっての理想的なパートナーは、お金持ちで、頼りになる、頭の良い人ということである。外見よりは、実質重視である。子育て期間中を含めて、自分を庇護してくれるか否かが重要な判断基準になっているようだ。もちろん、男女が求め合うには社交性や宗教が一致することも重要な要因になる。昔から言われてきたことが、世界的な調査でも確認されたようだ。

†なぜ人は協調するのか

人は他人を必要以上に肯定的に評価し、協調的に行動する。なぜ、このようなバイアスが生じるのだろうか。古典的なゲーム理論のアプローチを見てみよう。

意志決定の研究場面でよく用いられてきたのは、囚人のジレンマ・ゲームである。このゲームでは、二人のプレーヤーがいて、協調と裏切りという二つの選択枝がとれる。互いに、相手が次にどのような手をとるかわからない状態で、次の行動を選択する。両方とも協調した時は、共に三点の報酬を受け取る。両方とも裏切った場合は、共に一点の報酬（懲罰に該当）を受ける。片方が裏切って片方が協調した時、裏切った方は五点の報酬をうけとるが、協調した方は報酬はゼロ点である。つまり、このゲームでは、裏切った方が得であるが、両方とも裏切りを選ぶと、両方とも協調する場合よりも損をしてしまう。そこにジレンマがある。

このゲームでは最終回では裏切った方が得をする。それで、エゴイストが二人いると、最終回の前でも裏切るし、その前でも裏切る。遡っていくと、ゲームが一回だけの時も裏切り戦略をとることになる。協調は、ゲームが何時終わるか分からない、繰り返し型の囚人のジレンマ・ゲームでしか現れない。

ゲームは何時終わるか分からないので、未来は不確定である。未来の重みを半分の〇・五としよう。すると、毎回裏切りあう場合は、一回目の得点は一点、二回目までの得点は一＋一点×〇・五、三回目までの得点は一＋一点×〇・五、一点×〇・五×〇・五、……と、総和が二点になる。重みを w で表し、各回の得点を一点とすると、総和は$1+w+w^2+w^3+\ldots=1/(1-w)$で計算できる。総合得点を最大化する様々な数学的な戦略も可能である。

†「しっぺ返し」戦略の勝利

エクセルロッド[147]は、繰り返し型囚人のジレンマ・ゲームを実行するコンピュータ・プログラムを対戦させ、選手権を企画した。参加者は一四名で、心理学、経済学、政治学、数学、社会学の専門家であった。参加者は自分自身のプログラムと対戦したり、「でたらめ」戦略のプログラムとも対戦した。全部で一二万回の対戦の後、優勝したのは、トロント大学のラパポート教授の「しっぺ返し」戦略のプログラムであった。このプログラムの戦略は非常に単純で、最初に協調し、次からは相手が以前にとった同じ行為を採用する。つまり、最初に協調し、相手が協調すれば協調し、相手が裏切れば裏切るという戦略である。これを改良したプログラムも、この単純なプログラムに敵わなかった。高得点をあげたプログラムを低得点のプログラムと比較すると、最終回を除外して自分からは決して裏切らないという上品な性質があった。

エクセルロッドは第二回の選手権も企画した。参加者は、劇的に増加し、六ヶ国から六二名が参加した。しかし、優勝したのは、もっとも単純なラパポート教授の「しっぺ返し」戦略のプログラムであった。エクセルロッドは、この単純なゲーム理論が、バクテリアの生き残り戦略から国際的な政治力学まで、広範囲に適用可能であると主張する。バクテリアの場合は、宿主と敵対し、宿主を殺してしまえば、自らも滅んでしまう。そこで宿主と協調しない限り、生き残りは難しい。ウィルス等が弱毒化していくのは、宿主を殺すウィルスは、宿主と共に滅亡してしまうからである。国際政治でも、協調戦略が重視されるのは、長期間にわたる交渉が続くためで、裏切り戦略が、報復を招いてしまい、利益が少ないからである。エクセルロッドは、人が協調的行動を選ぶのも、この単純なゲーム理論のためであると主張する。

†ゲーム理論の行き詰まり

囚人のジレンマゲームがリリースされたのは、一九五〇年であった。ゲームは非常に単純であったが、人間の協調行動の謎を解き明かすかのように見えた。進化ゲームが考案され、心理学、社会学、経済学への影響も大きかった。ところが、人間は理論的予測よりも、はるかに協調的に行動する。ゲームが一回限りの場合は裏切るはずだが、実際に実験を行うと、四割から六割の人が協調する。これは何故だろうか。

ノウワクとシグマンド[148]は、評判という要因を投入した。彼らは二者間で協調、もしくは、裏切りの行動が起こると、観察者のゴシップで評判が確立し、それが集団の他のメンバーに伝播するという間接的互恵性モデルを作成し、協調行動が進化することを示した。さらに、人類が五〇～一〇〇名の小集団で進化してきたことを念頭に置き、進化シミュレーションに、ランダム誤差を導入した。

ヘルビングとユー[149]は、ランダム誤差を入れた囚人のジレンマゲームに、移動と成功の模倣の要因を投入してシミュレーションを行った。模倣のみの条件では、ランダム誤差を入れても協調行動は進化しなかった。一方、移動の要因を入れると、戦略の変化によって協調行動が進化した。まず協調行動が偶然に起こり、小規模な協調者の集団になる。偶然にある程度の大きさになると、裏切り者達が協調行動を模倣し始め、大きな集団になるという。

ゲーム理論は、様々な要因を投入して複雑になった。一見、現実世界を説明する素晴らしい洞察を提供したかに見える。しかし、数学的要因の投入や論理は恣意的である。所詮はモデル構築に留まっていて、現実世界からの検証手続きが欠けている。予定調和を目指した数学理論を構築しようという試みは続いているが、今後は、心理学や社会学からの成果を取り入れないと、発展は難しいだろう。

†なぜ人は攻撃するか

攻撃とは、意図的に他人に危害を加える行為である。長い間、人間の攻撃性は、悩みの種だった。動物の場合、メスを争う時にオス同士が激しく攻撃しあうことはある。しかし、滅多に殺し合いにはならない。適者生存のためのやむを得ない争いである。同族を殺し合う動物はまれであり、その場合でも大量殺戮には至らない。ところが、人間は、武器を発明し、殺傷力は、他の動物とは比べものにならないほど大きい。数千年、あるいは、数万年前から、戦争という名の元で、大量の殺戮を繰り返してきた。文明が進歩しても、殺戮の規模が大きくなっただけである。人間はなぜこんなに愚かなのか。何故、人間は同族を攻撃するのか。

†三つの仮説

攻撃性は非常に複雑な概念で、さまざまな原因があり、予測が難しい、大きく分けて三つの学説がある。簡単にまとめておこう。[150]

本能説　攻撃性は、人間の内部にあるメカニズムや本能であり、遺伝子の中にも組み込まれていて、人間の攻撃性は根絶できないという仮説である。比較行動学のローレンツ[151]やモリス[152]らは、攻撃性は内部に組み込まれたメカニズムの一種であると考えた。この仮説によると、攻撃衝動は内部に自動的に蓄積していくという。攻撃衝動が蓄積すると、わずかな刺激で攻撃が引き起こされる。十分に攻撃衝動が蓄積すると、外的刺激が無くても攻撃が起こるという。攻撃性を抑制するには、攻撃衝動をスポーツなど、社会的に許される対象に振り向けて発散すると良いという。本能説は大衆的、一般的で、面白いが、体系性がなく、さまざまな逸話の集合で、科学的には検証されていない。

動因説　攻撃は、欲求不満など不快な情動によって獲得された動因[153]に基づくという仮説である。したがって、攻撃行動の目的は、不快な情動を発散し、解消することである。エール大学のダラードらが一九三九年に提唱した欲求不満―攻撃仮説が有名である。ダラードらは欲求不満についての日常的な考えに行動主義的な衣を着せて公式化し、実証的な研究を行った。この仮説はさまざまな仮説の集合でもある。例えば、欲求不満が強いと攻撃性が強くなる、攻撃性は罰の予想があれば減少する、攻撃する対象が禁止されれば、攻撃は他の対象に向かうなどの仮説がある。攻撃行動が起これば攻撃的動機は減少するというカタルシス理論も重視された。残念ながら、攻撃行動の抑制や置換の予測性は低く、カタルシス理論も科学的には否定された。欲求不満―攻撃仮説は、一九六九年にバーコヴィッツが、攻撃のレディネス（準備性）、攻撃の手がかりなど、新行動主義的な媒介変数を入れて修正したが、多くの研究者は社会的学習説の方へ移行した。

社会的学習説　社会的学習説は行動主義的な概念と認知主義的な概念をまとめ上げ、攻撃性を動因や誘因だけではなく、社会的な文脈や個人の社会的経験、攻撃によって予想される報酬や罰など、さまざまな要因を含めて説明しようとする学説である。攻撃行動を正確に予測するには、できるだけ多くの要因を含めた方が良いと考えるのは自然である。バンデューラが一九六九年に提唱した社会的学習理論に端を発し、さまざまな理論家によって拡張されてきた。一般的に、社会的学習説は、攻撃行動を獲得、誘因、維持の三つの過程に分ける。獲得過程は、神経身体的（遺伝子、ホルモン、神経系、身体的特徴）、観察学習（家庭、サブカルチャー）、直接的経験（けんかなど）の要因に分ける。誘因過程は、嫌悪刺激（欲求不満、侮辱など）、モデリングの影響、誘因刺激、指示、思い違い、環境の要因に分ける。維持過程は、直接的報酬（物質的、社会的、嫌悪感の緩和）、代理的報酬（観察による）、自罰の無効化（モラルの正当化、責任転嫁、責任の拡散など）の要因に分ける。社会的学習説は、経験的なデータで支持されているし、予測力も大きくて有用である。

子供は大人の真似をする

社会的学習論の創始者、バンデューラら[154]は一九六一年に、子供が大人の真似をして攻撃的になるプロセスを研究した。被験者は三〜六歳の子供（男女同数、計七二名）で、統制群二四名、実験群に四八名が割り当てられた。実験群は八つで、大人のモデル（攻撃的、非攻撃的）×モデルの性（男性、女性）×子供の性（男性、女性）である。

まず、研究者は子供を遊戯室に連れて行き、さまざまな興味深いオモチャを見せた。子供には、これは大人が遊ぶ物だと説明し、その部屋を去った。そして、大人のモデルはビニール人形を組み立て始めた。攻撃性を見せる設定では、一分後に言葉でののしり、人形にパンチを浴びせたり、木槌で人形の頭を叩いて、空中に放り投げ、人形を蹴りながら部屋中を回った。攻撃性を見せない設定では、モデルは一〇分間、黙々とオモチャを組み立てるだけで、ビニール人形は無視した。その後、研究者が戻ってきて、子供を別の遊戯室に連れて行った。

遊戯室には、消防車、戦闘機、ワードローブ付きの人形など、とても魅力的なオモチャが置いてあった。研究者は、子供がこれらのオモチャで遊ぶことをいったん許すが、その直後に、今、遊んでいるオモチャは別の子供のために取ってあるので、遊んではいけないと言って、欲求不満に陥らせた。そして別の遊戯室に連れていった。

その遊戯室には、攻撃的なオモチャと非攻撃的なオモチャが一杯あった。攻撃的なオモチャは、ビニール人形、木槌、ダーツ、表面に顔が描いてあるボールなどで、非攻撃的なオモチャは、ティーセット、クレヨンと紙、ボール、人形、乗用車とトラック、プラスチックの動物であった。研究者は子供に二〇分間遊んでもよいと言って出て行った。この間、マジックミラーで子供達の行動はすべて観察され、攻撃的行動の回数が得点化された。

結果を表6・1に示しておく。大人の攻撃行動を観察した子供は、大人がいなくても攻撃行動を模倣した。大人のモデルは、同性の場合の方が異性の場合よりも影響が大きかった。男の子の方が攻撃行動が著しく、肉体的攻撃を真似る傾向があり、女の子の場合は、言葉による暴力を真似る傾向があった。

†暴力的映像は暴力を助長するか

バンデューラらは、モデルがフィルムで示される場合や漫画で示される場合などの研究も行った。バンデューラらの結果は非常に明確であった。大人の攻撃行動や攻撃的映画を観察するだけで、子供の攻撃行動は増加した。バンデューラらの研究は、その後、数百のテレビやビデオなどの暴力映像の研究が行われる契機になった。しかし、バンデューラら

	攻撃的		非攻撃的		統制群
	男性モデル	女性モデル	男性モデル	女性モデル	
肉体的暴力の模倣					
男の子	25.8	1.5	12.4	0.2	2.0
女の子	0.35	0.0	5.5	2.5	1.2
言葉による暴力の模倣					
男の子	12.7	0.0	4.3	1.1	1.7
女の子	2.0	0.0	13.7	0.3	0.7
木槌を使った暴力の模倣					
男の子	28.8	6.7	15.5	18.7	13.5
女の子	18.7	0.5	17.2	0.5	13.1
モデルから模倣していない攻撃行動					
男の子	36.7	22.3	16.2	26.1	24.6
女の子	8.4	1.4	21.3	7.2	6.1
人形への暴力の模倣					
男の子	11.9	18.9	14.8	15.6	11.7
女の子	16.5	6.3	4.3	5.8	15.7

表6・1　子供達の攻撃行動の平均回数

の研究には、一つの大きな問題があった。それは、賢い馬ハンスで指摘したように、実験者効果の可能性が排除できないことである。子供達は、研究者の要求を上手に読み取って、大人が喜びそうな行動をしただけかもしれない。模倣によって、本当に長期的な攻撃行動が獲得されるのだろうか。

カムストックとシュトラースバーガ[155]は、一九九〇年に、一九五七年から一九九〇年に行われた二〇〇以上の研究をメタ分析し、効果量（相関係数と類似の指標）を報告した。まず、テレビと暴力の関連については、二三〇の研究をメタ分析した結果、五～一二歳までは、男女とも効果量は〇・二～〇・三程度と弱い関係があった。ところが、男子では一五～一六歳で効果量は〇・四から〇・六にまで上昇したが、女子では一四歳以降はゼロに近い値だった。また、二二年間にわたる追跡調査では、八歳の時のテレビの視聴時間が三〇歳の時の犯罪とはっきりとした関係があり、男子の方が頻度が高かった。ただ、暴力映像と犯罪との関係は効果量で〇・一三であった。この問題に対するカムストックらの回答はイエスであり、テレビや映画などの暴力映像は、特に男性の攻撃性に影響があった。

ファーガスンとキルバン[156]は、二〇〇九年にもっと洗練されたメタ分析を行った。一九九八年から二〇〇八年に行われた暴力映像関係の文献をデータベースで検索した。彼らは古い研究は妥当性の低い方法を利用しているので、除外して新しい妥当性の高い研究に限定した方がよいと考えた。また、攻撃性を肯定する論文の発表数が多くなる出版バイアスも調整した。それで、メタ分析は、二五の研究、被験者総数一二四三六名に限定して行われた。

研究の妥当性は、どのような攻撃性の指標を用いたかによって左右される。二五の研究の内訳を見ると、一八の研究では標準化された指標を用いていたが、残りの九つの研究では用いていなかった。また、一一の研究のみが、他人に対する暴力行為や凶悪犯罪と直接的に関連した指標を用いていたが、その他の研究は、暴力行為に直接関係しない指標や、教師や同胞による攻撃性の評価を用いていた。

全体のメタ分析では、効果量は〇・〇八と、統計的には有意であるが、非常に小さな値であった。影響力に換算すると、〇・六四%にすぎない。標準化されていない指標を用いた研究では効果量が〇・二四ともっとも高かった。また、妥当性の低い指標を用いた研究では効果量は〇・〇九、妥当性の高い指標を用いた研究では効果量が〇・〇五であった。暴力行為と直接的に関係しない指標を用いた研究では効果量が〇・二五と大きく、暴力行為と直接的に関係する指標を用いた研究では効果量は〇・〇二と極めて小さく、影響力に換算すると〇・〇四%と無視しうる値であった。

結論はノーである。暴力的映像は暴力行為を助長しない。暴力行為と直接的に関係する指標を使った研究では、効果量がほとんどゼロであり、妥当性の低い研究でのみ効果量が大きい。まだ、論争は続くかも知れないが、半世紀にわたる数百の研究は何だったのだろうか。エビデンスの高い研究以外は無価値であるということではないか。

†集団の圧力に屈する

一九五一年に、アッシュは集団での同調性の実験を行った。[157] 被験者は大学生七~九名の

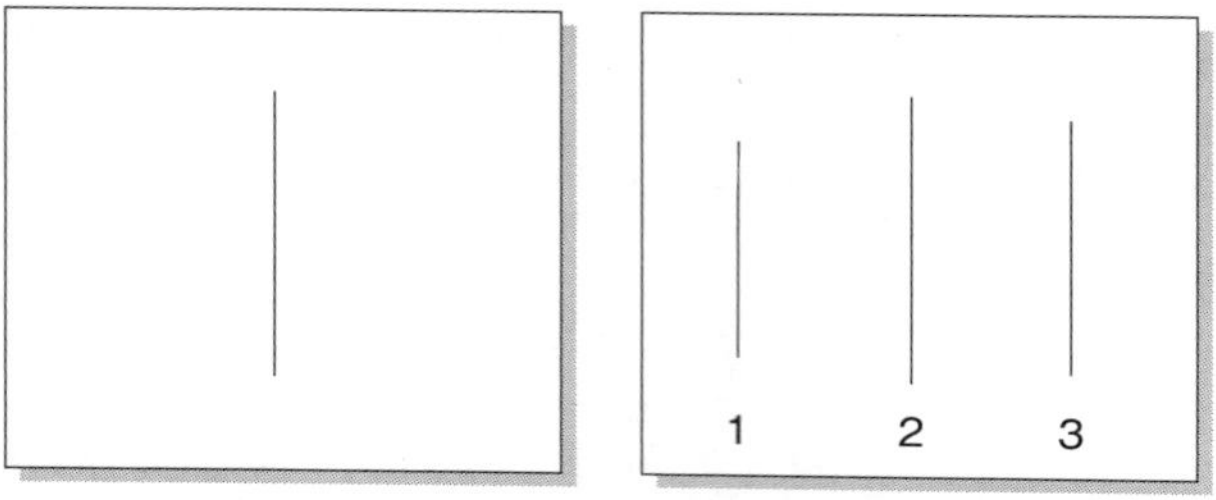

図6・1　被験者は、2枚のカードを見て、左の線分と同じ長さの線分を右から選ぶように指示される。

グループで、実験課題は図6・1の二枚のカードを見せて、左側の線分と同じものを右側から選ぶだけである。被験者は席の順に回答を言った。最初の回は、全員が同じ答えを選んだ。二回目もまったく同じで、全員が同じ答えだった。三回目にちょっとした波乱が起こった。最後から二番目の被験者が異議を唱え、皆と違う答えを選んだ。彼は不信感一杯で、驚愕していた。続く試行でも、彼は異議を申し立てたが、他の被験者は全員同じ答えだった。その人は、だんだんと狼狽《うろた》えてきて、続く試行ではあまり異議を唱えなくなった。そして、最後には当惑して笑みを浮かべ、低い声で皆と同じ答えを言った。

　実は、この当惑した人だけが本当の被験者で、他の被験者はサクラ（実験協力者）であった。そして、サクラ達はあらかじめ誤った回答をするように依頼されていた。つまり、サクラ七名の圧力に屈して同調してしまった。被験者総数は一二八名で、サクラがない状態では誤答は一%に満たないが、サクラが七名もいると誤答は三六・八%に上った。

実験にはさまざまなバリエーションがあり、アッシュはサクラの人数の影響も調べた。サクラが一名だけでは同調性は起こらないが、二名になると誤答は一三・六%になった。サクラが三名だと誤答は三一・八%にも上り、顕著な同調行動が見られた。ただ、サクラを四名以上にしても、誤答は増加しなかった。つまり、集団圧力は三名で最大値に達する。

サクラの意見の一致も集団圧力に関係する。サクラが七名で、口をそろえて決まった誤答をすると、誤答は三二%になった。サクラ七名のうち一名が正答する場合、誤答は五・五%に急激に低下した。また、サクラの一名が別の誤答をした場合も、誤答は五・五%であった。

パートナーの影響はどうか。サクラの一人をパートナーにして、六試行目までは正しく回答するようにした。すると、二七名中一八名の被験者は他の多数のサクラの意見に抵抗し、正しい回答を行った。ところが、七試行目からパートナーが裏切って他のサクラと同じ回答をすると、被験者の誤答も急速に増えた。

アッシュの集団圧力の実験は、印象形成の研究（一八六ページ）と共に古典的研究と評価され、追試研究が相次いだ。この時、アッシュの実験の助手をしていたのがミルグラムである。一九六一年にエール大学で行った彼の服従実験が明らかになると、全世界に衝撃が走った。この実験は、ユダヤ人虐殺の責任者の名をとってアイヒマン実験とも呼ばれた。

†命令されると人を殺すかもしれない

一九六一年、国立科学財団への助成金申請が認められると、ミルグラムは即座に実験の準備に取りかかった。被験者を募集し、偽の電気ショック送電装置を開発し、実験手続きを検討し、台本を書き、研究チームを結成して、予備実験を行い、何度もリハーサルを行った。[158]

被験者は新聞広告を使って募集した。報酬は四ドルと、交通費が五〇セントである。郵便局員、高校教師、セールスマン、エンジニア、肉体労働者など、普通の住民二九六名が集まった。

実験は、学習に対する罰の効果を調べるという目的で行われた。被験者は教師役として実験に参加した。教師役の被験者は、もう一人の学習者役の被験者に、単語の対を読み上げて学習させ、次に最初の単語を四つの単語と並べて読み上げて正解を言わせる。学習者が間違えると、直ちに電気ショックで罰を与える。学習者は、確実に電気ショックを与えるために、両腕をイスに固定され、拘束されていた。

電気ショック送電器は、大きな長方形の箱で、横に一直線に三〇個のレバースイッチが付いている。スイッチは、左から右に一五ボルトから四五〇ボルトまであり、「かすかなショック」、「中程度のショック」、「強いショック」、「非常に強いショック」「激しいショック」、「極めて激しいショック」、「危険―すごいショック」、「XXX」と表示してあった。

被験者は教師役を務める前に四五ボルトのサンプル・ショックを受ける。実験が開始されると、教師役の被験者は学習者が間違える度に電気ショックを与えるが、間違える度にショック送電器の水準を一つ上げるように言われる。また、ショックを与える前に、レバースイッチの表記を読み上げる。被験者は三〇番目の四五〇ボルトの水準に達すると、この水準を使って実験を続けるように命じられる。これを二回実行すると実験が停止される。

教師役の被験者が実験の続行を嫌がっても、被験者が従うまで「お続けください」、「実験のために、あなたが続けることが必要です」。「あなたが続けることが絶対に必要です」、「迷うことはありません。続けるべきです」という勧告を順に続ける。被験者がどうしても実験者に従わない場合は実験が中止される。

学習者役の被験者は、四七歳の経理課員であったが、実はサクラで、入念な演技の練習を行った。もちろん、電気ショック送電器も見せかけだけで、実際には学習者に電気ショックは与えない。学習者は七五ボルトのショックを受けるまでは不快感を示さず、ちょっと不平を言う。ボルトが上がると不平の調子を増す。一二〇ボルトになると、実験者に大きな声で苦痛を訴える。一三五ボルトでは苦しいうめき声、一五〇ボルトでは「もう嫌だ!」と絶叫する。一八〇ボルトでは「痛くてたまらない」と叫び、二七〇ボルトでは金切り声になる。三〇〇ボルトでは絶望的に叫ぶ。普通、このあたりで被験者は実験者の指示を求めるが、無答は誤答であるので、ショックを与えるように指示する。三一五ボルトではすさまじい悲鳴を上げて、三三〇ボルト以降は、無言になる。

精神科医、大学院生、教員など一〇〇名に被験者の行動を予測させた。大部分は一五〇ボルトの水準までで実験を止めるだろうし、最高のショック水準にいくのは、せいぜい千人に一人くらいという予想であった。ところが、四〇名の被験者のうち、二六名は、単に実験者が命令しただけで、四五〇ボルトの致死的水準のショックを学習者に与え続けた。もちろん、被験者達はいらだち、ためらってはいた。

ミルグラムは、教師役の被験者と学習者の距離の要因を入れて四つの実験を行った。第一実験は遠隔条件で、学習者は別室にいるので苦情は聞こえないが、実験室の壁をドンドン叩いて抗議する。第二実験は音声フィードバック条件で、学習者は別室にいるが、電圧が上がるにつれて、あらかじめ録音された抗議の声が聞こえる。第三実験は近接条件で、学習者と教師役の被験者の距離は六〇から九〇センチ離れているだけなので、学習者は迫真の演技を行った。第四実験は接触条件で、教師役の被験者と学習者との距離はゼロで、

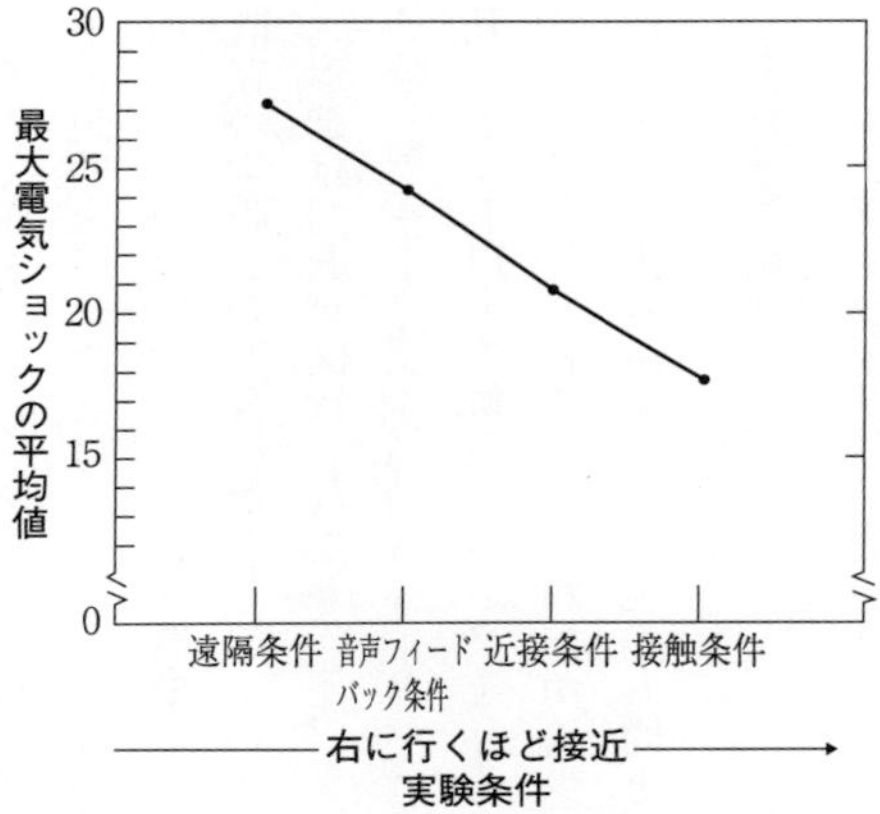

図6・2　実験1～4における電気ショックの最大値の平均

ショックを受けるために学習者は自分の手をプレートに置く必要があった。一五〇ボルトのところで学習者はショックを拒否するので、教師役の被験者は手を乗せるように命令する必要があった。四つの実験結果を図6・2に示す。

学習者との距離が大きく声が聞こえないと、電気ショックの最大値は高く、接近して苦悩の叫び声が聞こえると、電気ショックの最大値が下がっている。ミルグラムは、この他に権威の水準や場所を変えて、延べ一一の実験を行った。

誰でも命令されれば、ナチスのホロコーストに力を貸したアイヒマンのような人間になれるのだろうか。この答えは部分的にはイエスだろう。大部分の被験者は苦悩しながら電気ショックを与えたが、自分の責任を放棄していたし、その場の状況を受け入れていた。幸いにして、アイヒマンが嬉々として、職務の遂行に励んだ状況とは少し異なっている。

このミルグラムの実験は人を被験者として研究する場合の倫理問題も浮き彫りにした。事後説明を受けたとはいえ、かなりの被験者は傷ついたからである。また、この実験は心理学の教科書ではしばしば無視される。それはミルグラムの実験があまりにも衝撃的で、既存の学説との整合性がとりにくいからである。

追試は四五年間行われなかった。しかし、二〇〇六年に、バーガ[159]が第五実験（学習者が心臓の懸念を表明する音声フィードバック条件）の追試を行った。被験者四〇名のうち、一五〇ボルト以上の電気ショックを与えたのは、二八名であった。ミルグラムの第五実験では四〇名中三三名であり、わずかに少ないだけであった。ミルグラムの服従実験は、社会システムに組み込まれた一塊の人間を、あまりにも生々しく浮き彫りにした。

†あなたは凶悪犯か

大部分の人は協調的、友好的であるが、凶暴で、殺人等を平気で犯す人たちもいる。最近の行動遺伝学の研究によると、凶暴性については、遺伝子の影響力が五〇％前後もあり、遺伝規定性が強い。また、ドーパミンやセロトニン関連の遺伝子が関連している。なぜ、こんな遺伝子が残ったのか。進化論的説明では、性選択で男性の暴力性が利点となっていたことが挙げられる。[160]残念だが、反社会的で、凶暴な人たちは、当分の間、存在し続けるだろう。

†凶悪性暴露テスト

さて、あなたには、殺人、強盗など、凶悪犯罪を犯す可能性が、どの程度あるだろうか。まず、次の質問を読んで、当てはまる場合にチェック・マークを入れて欲しい。

□詩を読むのが好きです。
□人にからかわれても気にしません。
□いくつものクラブや同好会に入りたいと思います。
□たいていの人は人助けで苦労するのを心の底では嫌っています。
□自分で悩む必要のないことまで心配してしまうのは確かです。
□本当の宗教はただ一つしかないと確信しています。
□よく人に助言を求めます。
□よく夢を見ます。

□毎週、何回もお祈りします。
□夜中にぎょっとして目を覚ますことがよくあります。

次の質問には、当てはまらない場合にチェック・マークを入れて欲しい。

□機械関係の雑誌が好きです。
□時々、くちぎたなくののしりたくなります。
□森林警備員のような仕事が向いていると思います。
□時たま、今日しなければならないことを、明日まで延ばすことがあります。
□自分との戦いが一番やっかいです。
□あまりにも威張り散らす人がいると、その人が正しいと分かっていても、頼まれたこととは正反対のことをしたくなります。
□なぜ、あんなに不機嫌できむずかしかったのか、自分でも分からないことがしばしばあります。
□血をはいたり、咳をして血が出たことは一度もありません。
□私の振る舞いは、周囲の人の習慣に規制されることが多いです。

□自分まで偉くなったような気がするので、偉い人と知り合いになりたいです。
□退屈すると、何か騒ぎを引き起こしたくなります。
□乞食にお金をあげるのは反対です。
□仕事をする時はたいへん緊張します。
□夢はほとんど見ません。
□自分の言ったことが他の人の感情を害したかもしれないなどと、悩まないでいられたら良いのにと思います。
□たとえすべてがうまくいっていても、しばしばどうでも良いと思うことがあります。
□待たされると、いらいらします。
□あまりお金をかけないでギャンブルを楽しみます。
□追い詰められた時は、本当のことのうち、自分に害がなさそうなことだけを話します。
□誰かにどうしたら良いか教えてもらうより、むしろ、自分自身でなんとかやりとげる方です。
□他の人があきらめても、私は最後まであきらめないで頑張ったということが、何回かあります。

全チェックの数の総計＝［　　］

世代差と性差は少しあるが、一七点～二〇点はやや注意すべき状態で、アルコールを飲んだり、抗うつ剤を投与されていると、殺人などを犯してしまうかもしれない。二一点以上は、激しい敵意を表面化させまいと、強く統制している危険な状態である。ちょっとしたきっかけで殺人等、凶悪犯罪を犯してしまう。敵意を貯め込まずに、小出しにした方がよい。

†凶悪犯は温和しい

なぜ、こんなことが分かるのだろうか。実は、これらの項目は、ミネソタ多面人格目録MMPI—1[161]を利用して開発された敵意の過統制尺度を抜き出したものである。

犯罪者には抑制欠如型と抑制過剰型の二つの類型がある。抑制欠如型は敵意を抑制することがなく、自分の家庭やグループでの報酬や罰に引きずられて行動する。抑制欠如型は、粗暴で、暴力的な印象を与えるが、敵意が頻繁に放出されるので、それが限度まで強くなることはない。一方、抑制過剰型は、どんな場合でも敵意を表出しないよう努めるので、外面的には温和しい、物静かな印象を与える。ところが、敵意を限度まで抑制するので、最終的に激しい爆発が起こる。抑制過剰型は、殺人などの凶悪犯が多い。

凶悪犯は、敵意を過度に抑制するので、表面的には温和しく見えるのが特徴である。殺人犯が逮捕された時、よく「静かな温和しい人でした」と報道される。一般の人や報道関係者が意外だと思うのは、凶悪犯に抑制過剰型が多いことを知らないからである。

ミガーギら[162]は、MMPIを四群に実施し、凶悪犯がもっとも良く弁別できるように統計的に項目を選択した。第一群は殺人等を犯した極端な凶悪犯一四名、第二群はランダムに選ばれた高度な凶悪犯二五名、第三群はランダムに選ばれた窃盗、同性愛など、凶暴でない犯罪者二五名、第四群は正常者四六名であった。すべての群の組み合わせでMMPIの回答を比較し、弁別力を考慮して、最終的に三一項目が選ばれた。

これは基準関連的尺度構成法という、多大な労力がかかる方法である[163]。質問項目は統計的に選択されるので、意味内容は直感と合わないことがある。例えば、「詩を読むのが好きです」に「ハイ」、「時々、くちぎたなくののしりたくなります」に「イイエ」と回答すると、それぞれ一点ずつ加点される。直感とは逆であるが、これは凶悪犯がこのように回答するからに他ならない。

日本での標準化は行ったので、ある程度は使えるだろう。私の経験したところでは、ある殺人犯は一八点で、標準得点（偏差値）に換算すると六五点とやや高い程度であった。ただ、この人は、抗うつ剤の影響で興奮状態になったため、殺人を犯した可能性がある。薬物等の影響がなければ、この程度の得点では、凶悪犯罪までは至らなかっただろう。

第7章

異常な世界へ

†学長への抗議文

「先生のホームページのことで、学長に抗議文がきていまして。一度、学部長とお話ししていただきたいんですが」と廊下で事務長に話しかけられた。そういえば、あまり教育的な内容のホームページ[164]ではない。山に遊びに行ってきた事ばかり書いてある。なにかまずい記述があったようだ。学部長室に行った。

抗議文[165]は二枚で、富山県の臨床心理士会の会長から富山大学学長宛であった。抗議の対象は、教育心理コースのQ&Aに書いた臨床心理士についての説明文だった。臨床心理士についての説明で「年収は一〇〇〇万円程度である」、「大都市ではスクールカウンセラーの空きがなく、なるのは非常に難しい」が気に障ったようだ。抗議文によると、「富山県の場合、……一校担当すると年間三〇～三五日間で、年収は一三五～一五四万円」になるし、他の領域で心理職も兼ねているので、「年収が一〇〇〇万円程度というのは事実ではない」という抗議であった。

「一〇〇〇万円も一五〇〇万も、同じようなものだろう。何言ってるんだよ」と学部長は笑いながら言った。「まあ、学長がおどおどしているし、ちょっと当たり障りのない程度に書き換えてくれよ」

臨床心理士対象のスクール・カウンセラー事業は縮小の方向にあるし、東京、大阪では何年も待たないとスクール・カウンセラーになれないようだ。臨床心理士会が行った内部資料[166]によると、臨床心理士の年収は三〇〇〜四〇〇万円が二〇％、二〇〇〜三〇〇万円が一七％、四〇〇〜五〇〇万円が一四％である。給与の形態では、時間給の人が五三％と半数以上が非常勤職である。スクール・カウンセラーとしての年収のデータはないが、時間給は五〇〇〇円を下回る場合が多い。自治体によって異なるが、中学校で年間二八〇時間、高校で一〇〇時間程度で、働ける総時間数は減少しつつある。普通はスクール・カウンセラーをいくつも掛け持ちできない。他の職を兼務して、懸命に働いて年収が三〇〇〜四〇〇万円ということだろう。スクール・カウンセラーの仕事はすべて時間給で、長く勤めても収入は増えないし、生活や将来の保障はない。自分のゼミ生にはとても勧める気にはなれない。

唯一、臨床心理士の資格が役立つのは、大学教員になる時である。年収や生活は保障されるし、尊敬もされる。したがって、抗議文の真の目的は、私のホームページの文面の修正ではなく、富山大学に臨床心理士を養成する大学院を作って欲しいという要望の部分にあった。当時、大学院は再編の議論が行われていた。もし、富山大学に、そのような大学院が設置されれば、自分たちの就職先ができるし、勢力を増やせると考えたのだろう。私は臨床心理学は大事だと考えているが、臨床心理士対応の大学院には将来性がなく、就職の目処が立たないので、教授会で非協力を表明した。二年前に風向きが変わっていたからである。

†スクール・カウンセラーは役に立つか

文部科学省のスクール・カウンセラー事業は一九九五年から始まった。二〇〇二年から二〇〇四年にかけて財務省は全国調査を行い、スクール・カウンセラー配置による事業効果を検証しようとした。その結果は予算執行調査資料の「スクールカウンセラー活用事業(教員研修事業費等補助金)」[167]として二〇〇四年から公開されている。一億二七〇〇万円の経費をかけて、たった一枚の報告である。

調査対象は全国の公立中学校一七七校で、書面調査と現地調査を行った。南風原[168]によると、調査対象は五九自治体に対する全数調査である。データに不備のあった自治体を一つ除き、五八の自治体を三群に分けて、二〇〇二年と二〇〇三年の一校あたりの問題行動件数の減少率を比較したものである。

・臨床心理士のみを配置する自治体(二七自治体)の配置校では一一・七%、未配置校では一〇・七%であった。

・臨床心理士に準ずる者を原則通り三〇%以内で配置する自治体（二〇自治体）の配置校では一六・八%、未配置校では一五・九%であった。

・臨床心理士に準ずる者を三〇%以上配置する自治体（一一自治体）の配置校では三〇・四%、未配置校では一七・四%であった。

・二〇〇三年の中学校での調査によると、スクール・カウンセラー[169]の配置率が二一～四〇%の時に減少率が一〇・四%と最大であった。配置率が低くても高くても問題行動の減少率は六%程度であった。

臨床心理士の配置、未配置による差はほとんどなく、臨床心理士に準ずる者を三〇%以上配置した場合にのみ、減少率が大きくなった。これらの結果から、財務省は、文部科学省に対して、「スクール・カウンセラーに準ずる者の配置・活用については、原則として総数三〇%以内とされている現行の基準を緩和・撤廃し、「準ずる者」をより活用しやすくすべきである」と、改善策の検討を求めた。

長谷川によると、スクール・カウンセラーとして臨床心理士を優遇するべき積極的な証拠は見あたらないし、時給格差を積極的に支持する結果も得られていない。各自治体は、財政的事情もあり、少なくとも二〇〇五年から、臨床心理士の資格を持たない者をスクール・カウンセラーとして雇用する方向に舵を切った。

なぜ、こうなったのか。端的には臨床心理士の専門的な能力不足である。鵜養[170]によると、文部科学省の担当課長や局長、審議官の発言の中に「質の向上と研修」という言葉が繰り返し出てきたという。学校に入ったスクール・カウンセラーの半数以上は、事前研修なしにいきなり学校現場で仕事を始めていたし、学校臨床の理解レベルも十分ではなかった。また、決まり切った研修は受けているものの、個人的なスーパービジョン（専門家の助言）は全体の三分の一程度しか受けていなかった。

†臨床心理学とは

コーシーニの心理学百科事典[171]によれば、臨床心理学とは、精神疾患を研究し、診断と治療を行う学問である。精神医学、社会福祉学、看護学、カウンセリングでも同じ領域を扱うが、臨床心理学は診断法や治療法の質で上回っているという。また、アメリカ心理学会[172]によれば、臨床心理学の領域は、科学と理論と実践を統合して、人の順応や個人的な成長を促進するとともに、不適応、障害、苦悩を研究し、予測し、軽減する実践活動であるという。

ブリタニカ百科事典も[173]、臨床心理学を同様に定義し、アセスメント（診断を含む）、治療、研究という三つの領域があるという。アセスメントでは、心理テストを実施して解釈したり、標準的な行動観察法や面接法を実施する。治療では、さまざまな心理療法から精神症状に適合した技法を選択して実施する。研究では、実験的、統計的手法で精神衛生関連のプロジェクトに参加する。

臨床心理学は、科学的研究を行って専門的援助を行う「科学者―実践家モデル」の立場である。この思想は、古代のギリシャの医学者ガレノスまで遡れる。その意味では、ヨーロッパの伝統的思想に立脚している。

アメリカとイギリスの臨床心理学は、異常心理学、精神医学、心理療法との共通部分があるものの、比較的独立しており、カウンセリングとは共通部分がない。つまり、臨床心理学≠カウンセリングである。ところが、日本の臨床心理学は特殊で、この定義が当てはまらない。臨床心理学とカウンセリングとの区別が付かない場合も多いし、科学的研究は重視されない。日本では、臨床心理学は科学ではない、とか、臨床心理学は科学でなくても良いという議論すらある。

保田は一九五〇年から二〇〇〇年代までの臨床心理学の教科書四五冊の内容分析を行って科学基準の変遷を調べた[174]。まとめを引用しておこう。

一九五〇〜一九七〇年　臨床心理学は「科学」であることを理想とし、客観的に対象を見ることを目指したが、現実には主観的に関わっていることが多かった。

一九七〇年代初頭〜　「科学性」は輝きを失い、主客融合型の解決を目指す記述が増加した。次第に「新しい科学」という名称が増加した。

二〇〇〇年〜　「科学」という言葉が臨床心理学の教科書から消えた。一方で、「実証的な科学」を唱道する動きはあるが、現時点での大まかな趨勢としては、従来の「科学」への憧れはない。

一九七〇年代半ば、私は京都大学教育学部の大学院の学生だった。河合隼雄[175]の講義で、臨床心理学は独自の方法論をもった科学であるという話を何度も聞いた。しかし、独自の方法論とは何であるかは、ついに明らかにならなかった。その後、三〇年ほど経過したが、この独自の方法論は成立していないし、それ故「新しい科学」も消えた。おそらく、臨床心理学は心理学の中ではもっとも科学性の低い領域であろう。

†心理臨床と臨床心理

臨床心理学は、英語ではクリニカル・サイコロジーという一つの用語で表現される。ところが、日本では、心理臨床学と臨床心理学という二つの訳語がある。心理臨床は、実践や活動の場を重視する言葉で、臨床心理学は学問名称としての意味が強い。心理臨床学となると、実践や活動の場を重視する独自なパラダイムをもった学問という意味になり、医学的なパラダイムからの脱出を意味していた。[176] しかし、心理臨床学に独自の方法論は成立せず、言葉だけが残った。

心理臨床学と臨床心理学に対応するかのように、日本心理臨床学会と日本臨床心理学会がある。日本心理臨床学会[177]は、二万人近い会員数を誇り、影響が大きい。目的は「心理臨床科学の進歩と、会員の資質向上、身分の安定をはかる」とあるが、もっぱら、臨床心理士の職域を拡大する方向を目指している。学会員以外には、学会誌の論文タイトルすら公開しない閉鎖的な学会である。質の低い事例研究は山ほどあるが、エビデンスになるような研究は非常に少ない。

一方、日本臨床心理学会[178]は、「専門家による臨床心理学的関わりは、……カウンセリング等を受ける人々を支配・抑圧している」ことを問題にしていて、差別撤廃を目的にした社会的活動団体に見える。研究活動は低調である。

†日本の臨床心理学の低迷

丹野[179]は一九八三年〜一九九七年までの「心理臨床学研究」(日本心理臨床学会の機関誌)に掲載された三一二の論文を調べた。それによると、事例数が一人の事例研究が五〇%を占め、一〇〇人を超える論文は九%しかなく、ほとんどが調査研究であった。また量的な指標をとっていない論文が七一%も占めていた。

「心理臨床学研究」の論文には、事例研究と質問紙調査研究があった。事例研究は、病院などの臨床領域における一事例の縦断的研究である。治療的介入はあるが、量的指標がない。これが全体の六〇%以上もある。質問紙調査研究は、非臨床の場所で行われた多人数を対象とした、一回だけの横断的研究である。量的指標はあるが、治療的介入がない。これが全体の一五%である。つまり、「心理臨床学研究」の論文のほとんどは事例研究で、量的な指標をまったくとっていない。驚くべき状態である。日本の臨床心理学のエビデンス性(三二ページ)はレベル四未満であり、総体として、サイエンスとしての資格はないと思われる。

丹野も、わが国では実証に基づくという考えは希薄であるといい、

・診断をしない
・量的な指標をまったく用いない
・どのクライエントにもほぼ同じ治療法を適用する
・治療効果について量的なデータを持たない

という点に特徴があるという。では、エビデンスに基づく臨床心理学を確立するためにはどうすればよいのか。

端的には、現在の臨床心理学のアプローチをすべて変更する必要がある。つまり、

・客観的な診断基準を導入する。診断基準としては、精神医学の世界で広く浸透したDSM-Ⅳ（精神疾患の診断・統計マニュアル）が不可欠である。心理臨床の世界では「診断」という言葉を避け、「見立て」と表現している。「見立て」は疾患の診断と予後までを含めた意欲的概念であったが、現実的には、診断の放棄を正当化している。
・量的な指標を用いる。客観的で妥当性の高い質問紙法の導入が不可欠である。個別の症状を評価するため心理尺度の開発も必要である。心理臨床の世界では、このような客観的測定は嫌われ、主観的で妥当性の乏しい投影法検査が好まれる。心理測定の重要さ

の認識が欠けているし、新規に測定尺度を開発する力もない。
・治療法についての効果研究が必要である。一事例の事例研究ではなく、治療群と対照群を比較するエビデンスの高い研究デザインを導入する必要がある。
・数十の質の高い研究が蓄積された時、初めてメタ分析が可能になり、ようやく、特定の精神疾患に対して、もっとも効果的な治療方法がどれかが確定できる。この点で、日本の臨床心理学は、欧米の研究に数十年遅れをとっている。

臨床心理学は人気があるが、その内容は特定の学派の心理療法やカウンセリングが中心で、実力や実態は、素人心理学からそれほど離れてはいない。臨床心理学専修の大学院は、そういう人が中心になるので、エビデンスに基づく治療研究は期待できない。臨床心理士がスクール・カウンセラーを勤めても、成果が上がらないのは当たり前である。早急に、学問的水準の底上げが必要であろう。

†アセスメントとはどういうことか

臨床心理学におけるアセスメントとは「臨床家が来談者や関係者との面接、観察、心理テストなどを通して、相談に対する援助介入を効果的にするために、系統的に情報収集する手続き[180]のことである。一般的に、来談者は精神的な悩みで訪れる。その内容を特定するには、臨床家がDSM-IVという精神疾患の枠組みや、面接、観察、心理テスト、援助介入法などを理解し、技術を習得する必要がある。来談者の語りに傾聴するだけでは、問題の克服は不可能である。

†DSM-IV

DSM-IVは精神疾患を、生物的、心理的、社会的要因から多次元的にアセスメントする診断の枠組みである。[181] DSM-IVの多軸システムには次のような五つの軸がある。

I軸　臨床疾患、臨床的関与の対象となることのある他の状態
II軸　パーソナリティ障害、精神遅滞
III軸　一般身体疾患
IV軸　心理社会的、および、環境的問題
V軸　機能の全体的評定（適応状態）

各次元ごとに臨床家が評価する。I軸は臨床疾患で、診断基準に当てはまる障害が二つ

以上ある時は、そのすべてを記録する。臨床疾患には、広汎性発達障害などの通常、幼児期、小児期、青年期に初めて診断される障害のほか、痴呆や健忘性障害、統合失調症、気分障害、不安障害、睡眠障害などがある。II軸には、パーソナリティ障害と精神遅滞を記録する。III軸には、患者の一般的な身体疾患を記録する。IV軸には、患者に不幸な出来事が起きたり、困難を起こさせた状況を記録する。V軸は、患者の適応状態を数字で評価する。

DSM-IVのアプローチは〝記述主義〟と呼ばれ、ルーツは、エーミール・クレペリン(一八五六~一九二六年)に遡る。患者の症状を細かく列挙し、特定のルールに当てはまる場合に診断を行う。DSM-IVを利用すると、診断の誤りが減少し、患者を総合的、系統的に理解できる。病院のみならず、学校や研究機関でも有用である。

当初、精神疾患の分類基準は統計情報の収集のために必要であった。一八四〇年のアメリカの国勢調査では、〝白痴および狂気〟しかなかったが、一八五三年の第一回国際統計会議で統一的死因命名法の作成が決定され、一八九三年にBCCD(ベルティヨン死因分類)が成立した。このBCCDは一九四八年のICD-6(国際疾病障害死因統計分類)に吸収され、精神疾患も追加された。

一九五二年にDSM-Iが成立したが、これは戦争神経症の増加と、新世代の精神科医の要請によった。一九六八年のＤＳＭ－Ⅱは、ＤＳＭ－Ⅰとほとんど同じである。ただ、一九五〇年代から統合失調症（精神分裂病）の治療薬（クロルプロマジン）や双極性障害（躁うつ病）の治療薬（炭酸リチウム）が発見された。一九六〇年代までには、抗うつ薬や抗不安薬が登場した。抗うつ薬は気分障害（うつ病）には効果があるが、統合失調症には効果がなかった。

　ＷＨＯで統合失調症に関する国際研究を行ったところ、うつ病の概念はイギリスで広く、アメリカでは狭かった。アメリカでは、イギリスでうつ病と診断された患者の五九％しかうつ病と診断されなかった。逆に、統合失調症の概念はアメリカで広く、イギリスで狭かった。[182]薬物は特定の精神疾患にしか効果がない。正確な診断が必要になった。

　ＤＳＭ－Ⅱの改訂はＩＣＤ－８の改訂作業と提携して行われ、一九八〇年にＤＳＭ－Ⅲが成立した。ＤＳＭ－Ⅲでは、診断基準が明確になり、多軸システムが導入された画期的な内容で、アメリカ精神医学会で公式に採用された。ただ、診断基準に不明確な部分も残っていて、改訂作業が続き、一九八七年にＤＳＭ－Ⅲ－Ｒが成立した。そして、研究の蓄積と改訂作業の結果、一九九四年にＤＳＭ－Ⅳ、二〇〇〇年にＤＳＭ－Ⅳ－ＴＲが成立した。日本版の訳語はやや混乱しているが、精神疾患の診断には不可欠な枠組みである。二〇一二年にＤＳＭ－Ｖが登場する予定である。

†うつ病とは

抑うつ状態とは、失望とか不幸の気分が蔓延している状態で、正常者でも三分の一程度の人は経験しているので、ひどく異常な状態ではない。ところが、うつ病では、その抑うつ気分が極端な状態まで変化し、ほとんどの活動で喜びや興奮の消失が起こってしまい、日常生活でも困難を来してしまう。

うつ病は、ＤＳＭ－Ⅳでは気分障害という大きな診断カテゴリーに属する。うつ病は、大うつ病[183]エピソード、大うつ病性障害、気分変調性障害、双極Ⅰ型障害、双極Ⅱ型障害、気分循環性障害などを包括した一般的名称である。ここでは、ＤＳＭ－Ⅳの大うつ病性エピソードの診断基準を挙げておこう。

・一日中、あるいは、ほとんど毎日、抑うつ気分が続く。
・一日中、あるいは、ほとんど毎日、すべての活動に対して、興味または喜びの感情が喪失してしまう。
・食事療法をしていないのに、著しく体重が増加したり、減少する。
・ほとんど毎日、睡眠過多もしくは不眠が続く。

・ほとんど毎日、疲労しやすく、気力がない。
・ほとんど毎日、自分を無価値だと思い、自分をとがめる。
・ほとんど毎日、思考力や集中力の減退、決断困難が続く。
・死や自殺について、反復的に考える。

以上の症状のうち、抑うつ気分か、興味または喜びの喪失を含む、五つの症状が二週間続いていれば、大うつ病性エピソードである。もちろん、死別、薬物、身体疾患による場合は除外する。これとは逆に、異常に高揚した怒りやすい気分が続く躁病エピソードもある。

大うつ病は、躁病などの病歴がなく、この大うつ病性エピソードが一つ以上ある場合である。また、双極性障害（双極Ⅰ型、双極Ⅱ型）は、大うつ病エピソードと躁病エピソードとが繰り返される場合である。

抑うつ症状の診断は、DSM-Ⅳのマニュアルを良く読み、行動観察を行って、内省報告を聞けば、素人でも難しくない。ただ、抑うつ症状を示す人がすべて単純なうつ病とは限らない。他の精神疾患を伴うことも多いので、経験豊富な精神科医でも問診だけでは間違えてしまう。客観的な評価尺度が不可欠である。

例えば、単極性の大うつ病と双極性障害（躁うつ病）の識別診断は重要である。抗うつ薬は、大うつ病には効果的だが、躁うつ病の抑うつ状態の患者に投与すると、急に躁状態に陥ってしまい、危険なこともある。また、強迫性障害に抑うつ症状が伴う場合もあるし、統合失調症や妄想性障害でも抑うつ症状が伴うこともある。いずれも抗うつ薬は効果が乏しく、前者の場合は抗不安薬が、後者の場合は抗精神病薬が必要になる。さらに、パーソナリティ障害で抑うつ症状が伴う場合は、薬物療法や心理療法では治りにくく、環境調整が必要である。

抑うつ状態を客観的に測定する心理テストとして、ベック抑うつ質問票ＢＤＩ－IIがある。ＤＳＭ－IVの診断基準に沿った二一項目の質問紙で、抑うつ症状の重症度が判定されるように構成されている。ＢＤＩ－IIを使えば、短時間でうつ状態の程度を客観的な数字で表わせる。ただ、日本版の標準化には偏りがあり、比較的高得点が出やすい。また、成人中期以降の女性の平均得点は特に高めに出るので、割り引いて解釈する必要がある。

ＢＤＩ－IIは、抑うつ症状が測定できるが、他の精神疾患やパーソナリティ障害は測定できない。したがって、ＢＤＩ－II単独では、うつ病の診断は下せない。診断する場合は、ミネソタ多面人格目録[184]ＭＭＰＩ－１や、その短縮改訂版のＭＩＮＩやＭＩＮＩ－１２４を用いた方が良いだろう。

†うつ病はなぜ重要か

うつ病の生涯罹患率は男性で五〜一二%、女性で一〇〜二五%と高い。世界保健機関WHO[185]の調査によると、うつ病の自殺率は通常の集団の二一倍にも上る。長い間、身体障害が世界中の病気負担の主要な原因と見なされてきたが、一九九〇年の疾病による全世界的負担のなかで、うつ病の負担は五・一%に上った。

うつ病は罹患率が高いだけでなく、再発しやすい。最近、ヒューズとコウイン[186]は、長期的な縦断的研究に限定してレビューを行った。投薬による治療研究は一二あり、二四の論文が発表されていた。患者総数は三九〇一名である。再発率は四〇〜八五%、再発の時期は、二年未満から五年半程度であった。二年未満で再発率が五〇%の研究もあった。一方、投薬によらない治療研究は三つあり、患者総数は一一六〇名であった。こちらの治癒成績は良く、再発は見られなかった。うつ病の長期的な予後は悪く、投薬を行ってもうつ病の治癒成績は上昇しない。

なぜ、再発するのだろうか。うつ病では脳に生理学的変化が起こり、そのために回復に時間がかかるようである。うつ病になると、ニューロンの数が減少し、脳容量も減少してしまう。大うつ病では海馬領域の容積が減少し、大うつ病エピソードが終了しても、容積は回復しない。脳血流異常や糖代謝にも異常を来す。大うつ病の高齢者のＭＲＩ（核磁気共鳴画像法）検査によると、前頭葉の容積も減少してしまう。[187] 海馬のニューロンは再生されるが、空間的な身体運動を増やしたり、新しい学習を経験しないと、新しいニューロンは定着しない。慢性的なストレスに晒されると、再生するニューロンよりも死滅するニューロンが多くなってしまう。また、他の領域のニューロンの再生は、確認されていない。うつ病が長期間続くと、回復が難しくなるのは、多くのニューロンが死滅してしまうためだと思われる。

うつ病の治療には様々な方法がある。簡単にリストアップしておこう。

薬物療法　抗うつ薬による治療である。抗うつ剤には、三環系抗うつ薬（ＴＣＡ）、モノアミン酸化酵素阻害薬（ＭＡＯＩ）、選択的セロトニン再取り込み阻害薬（ＳＳＲＩ）がある。

電気ショック療法　電気ショックを与える治療法である。抗うつ剤が効かず、うつ病がひどい時には効果がある。ただし、認知障害という副作用がある。

経頭磁気刺激法　強い磁場を大脳表面に発生させてニューロンを刺激する新しい治療法である。エビデンスの蓄積は少ない。

心理療法　うつ病に効果があるのは、認知行動療法と対人関係療法である。薬物療法よりも治療成績がよく、再発も少ない。

運動療法　有酸素運動を行うと、ニューロンの新生が盛んになり、うつ病が治療される。副作用はなく、薬物療法よりも治療成績がよく、再発も少ない。

†抗うつ薬にどんなものがあるか

抗うつ薬には、さまざまな種類があるが、[188]基本的にニューロンの神経伝達物質、セロトニン、ノルエプネフリン、ドーパミンに作用する物質で構成されている。

一九五〇年代から一九八〇年代にかけて使われてきたのが、三環系抗うつ薬（ＴＣＡ）とモノアミン酸化酵素阻害薬（ＭＡＯＩ）である。抑うつ症状の減少に効果はあるが、軽い副作用として、鎮静、口の渇き、体重増加など、重い副作用では、心血管系の重篤な障害があり、死に至ることがある。

一九八〇年代に開発されたのが、セロトニン系のみに作用する選択的セロトニン再取り込み阻害薬（ＳＳＲＩ）である。古典的な抗うつ薬と同等の有効性があり、副作用は小さい。主な副作用として、興奮、不安、不眠、性機能障害、胃腸障害、頭痛などがある。

現代では、副作用の少ない二重作用を持つ抗うつ薬や、新しい作用機序を持つ抗うつ薬などが新規に開発されている。

†抗うつ薬は自殺を促進するか

現在、ＳＳＲＩが広く使われているが、治療の初期には自殺を促進するという可能性が指摘されていた。ホール[189]のコメントを引用しておこう。

・ＳＳＲＩは自殺の危険性を増加、もしくは、減少させると言われるが、ランダム化比較試験では、この傾向を十分に検出できない。
・メタ分析によると、ＳＳＲＩは自殺念慮を増加させる傾向がある。
・大部分の観察的研究によると、ＳＳＲＩとＴＣＡの間で自殺率に差はない。
・疫学的研究によると、ＳＳＲＩの処方量が増えると、自殺は減少するか、変わらない。
・ＳＳＲＩによる自殺のエビデンスによると、自殺はＳＳＲＩのみに起因するのではない。また、自殺率は非常に小さく、利点の方が上回る。
・危険性と利点の比率は、児童期や思春期では不明である。
・ＳＳＲＩを投与した最初の数週間は、自殺念慮を注意深くモニターすべきである。

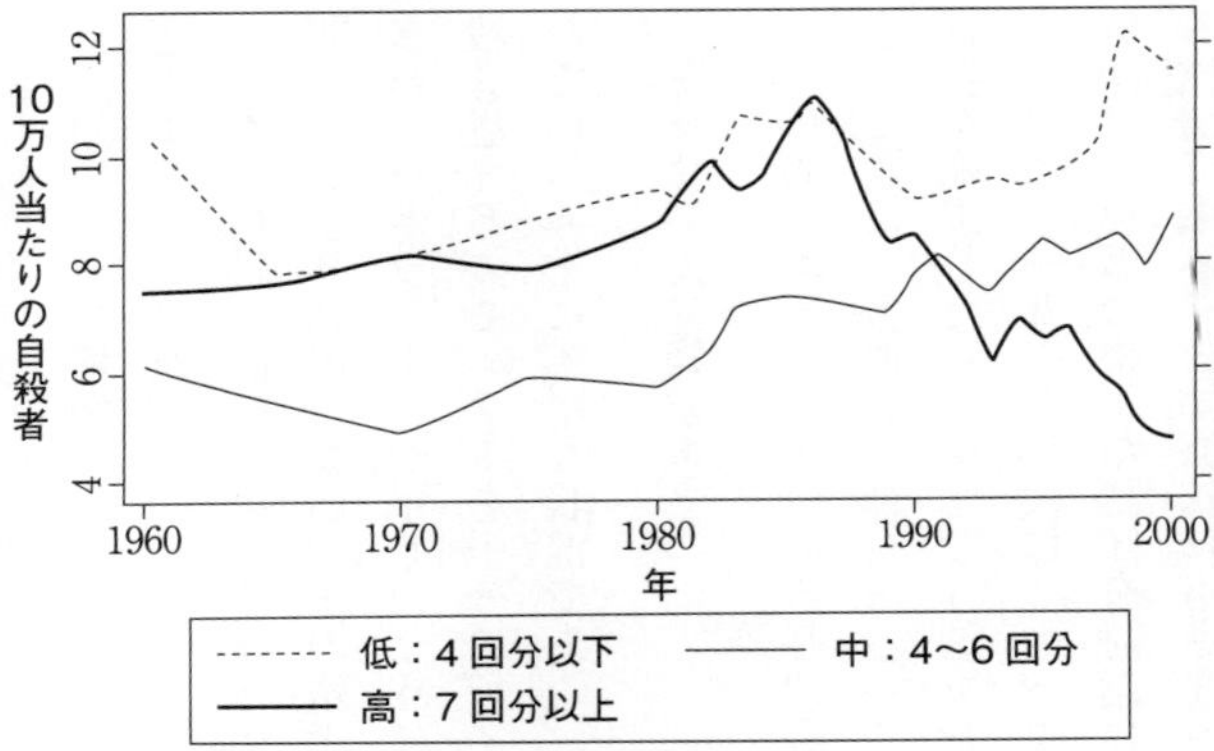

低：ギリシャ、イタリア、日本
中：チリ、アイルランド、ポルトガル、スペイン
高：オーストラリア、オーストリア、カナダ、アメリカ、イギリス.

図7・1　SSRIの1人当たりの服用量。

ラドウィグら[190]は大規模な疫学的研究を行った。ＷＨＯのデータを利用し、二六ヶ国、二五年間の自殺者のデータとＳＳＲＩの投与量との関係を分析した。その結果を図7・1に示す。日本は、ギリシャ、イタリアと同じグループに属し、ＳＳＲＩの投与量は一人当たり四回分以下と低く、一九八〇年代から自殺者は上昇している。ＳＳＲＩの投与量の多い国では、一九九〇年以降、自殺者は急激に減少している。疫学的には、ＳＳＲＩの処方量が増えると自殺は減少すると考えて良い。

日本でもＳＳＲＩは、自殺、あるいは、他殺を引き起こすという報告[191]がある。一九九九年に起こったハイジャック機長殺人事件は、精神鑑定が三回も行われ、鑑定結果もすべて異なっている。最高裁では二回目までの精神鑑定結果を退け、犯罪はSSRIによって引き起こされた興奮状態に起因するとされた。

日本の精神科医は、投影法などの主観的心理テストを多用し、妥当性の高い客観的な質問紙をあまり利用しない。その結果、診断の確定までに長い時間がかかるし、診断ミスも多い。ラドウィグらが示したように、SSRIの投与量が少なすぎるし、おそらくは、自殺念慮などのモニターを十分に行っていない。さもなければ、これほど自殺者が多いはずがない。非常に不幸な状況である。

†心理療法にどんな種類があるか

科学的なエビデンスのある心理療法としては、一九五〇年代に開発された行動療法がある。これは、古典的条件付け（一二六ページ）やオペラント条件付けの原理で、不適切な行動を除去したり、適切な行動を学習させる技法である。

その後、一九七〇年代に、ベックは、うつ病の治療研究から認知療法を考案した。認知療法は、患者の歪んだ認知を対話によって矯正することで、問題となる感情や行動を変える技法である。認知療法にもさまざまな技法があるが、病態が重篤な場合は、行動療法的技法を併用するのが普通である。それで、一九八〇年から一九九〇年にかけて認知行動療法という名称が定着した。エビデンスの蓄積はもっとも多い。

一九九〇年代から現在にかけて、再び、さまざまな技法が提案され、第三の波と呼ばれる新しい心理療法が登場した。日本語名称は確定していないが、翻訳すると、受容と参加療法、弁証法的行動療法、心理療法の認知行動分析システム、機能分析的心理療法、統合的夫婦行動療法となる。エースト[192]は第三の波に属する心理療法の、ランダム化比較試験による治療研究をメタ分析した。残念ながら、新しい技法が認知行動療法よりも優れているという証拠はなかった。

現在、うつ病の治療に有効とされ、よく使われている心理療法は、認知行動療法と対人関係療法である。対人関係療法は、抑うつ症状が現れた社会的文脈、喪失や悲嘆、対人関係での紛争、役割の変化、対人関係の技能などに焦点を絞り、問題解決を図ろうとする技法である。

†心理療法と薬物療法はどちらが優れているか

うつ病の再発率は高いが、投薬によらない治療法は再発率が低い。抗うつ薬は自殺を予防する可能性はあるが、再発率の低減には役立たない。かなり昔から心理療法は薬物療法よりも有効であるという研究はあった。ただ、薬物なしでうつ病が治ると、抗うつ薬の必要性はなくなる。製薬会社の巨大資本は、そのような発表を抑圧してきた。しかし、ここ二〇〜三〇年の間に、ランダム化比較試験による治療効果の研究も蓄積し、メタ分析も盛んに行われるようになった。

イメルら[193]は、一一三一の文献を調べ、ランダム化比較試験による研究で、効果量が入手できる二八研究（三三八一名）に絞ってメタ分析を行った。対象は、ヨーロッパ、アメリカの中年女性で、ほとんどは大うつ病エピソードと診断され、薬物療法や心理療法を受けた患者である。まず、心理療法と薬物療法の効果量には差がなかった。つまり、どちらの治療法でも結果はほとんど同じであった。薬物療法は重症のうつ病に効果があると信じられているが、軽症の場合の方が効果があった。しかし、フォローアップ期間が長くなると、心理療法の方が優れていたし、今までのメタ分析の結果と一致していた。

デ・マートら[194]は、併用療法（薬物療法＋心理療法）と心理療法の治療効果に関するメタ分析を行った。分析対象は一九八〇年から二〇〇五年のランダム化比較試験、九つの研究、九〇三名の患者である。併用療法は心理療法と比べると、中程度で慢性的な抑うつには効果があった。しかし、軽度な抑うつや慢性的でない抑うつでは変わらなかった。また、軽度で慢性的な抑うつと、重度で慢性的な抑うつのデータはなかった。

最近、行われた二つのメタ分析を見ても、薬物療法の効果は限定的である。一方、心理療法の治療成績は薬物療法と変わらないし、再発も少ないことが一貫して確認されている。

†運動すると、うつから脱出できる

身体運動は心身の健康を維持するために有効である。近年、科学的なエビデンスも蓄積してきた。運動を行えば、脳のさまざまな機能が高まるし、想像以上に大きな影響がある。若者では身体運動を行うと、反応時間が短くなるし、語彙学習も速くなる。高齢者にエアロビクス体操をさせると、情報処理速度が速くなる。運動を行うと、ニューロンが変化する。プラーフ[195]から運動の効果をまとめておこう。

・ニューロンの新生が盛んになり、認知機能が改善される。哺乳動物では、嗅球と海馬の波状回でニューロンが再生することが分かっている。ネズミ実験では、運動するとニューロンの新生が三~四倍になるし、効果が長く持続する。
・シナプスの構造的変化が起こり、シナプスの可塑性が改善される。シナプスの伝導効率が数日以上にわたって上昇する長期増強現象が促進される。
・ニューロンの突起の密度が上昇するし、新生したニューロンの成熟も早まる。

・脳全体の内皮細胞が増殖し、血管新生もさかんになる。
・脳の神経伝達物質システムが変化する。ランニングなどで、グルタミン酸作動系やモノアミン系が活性化し、抑うつからの回復が促進される。

運動の効用は古くから認識されていた。ベイビャクら[196]は、うつ病の患者一五六名をランダムに、運動療法、薬物療法、運動と薬物の併用療法に割り当てて、四ヶ月に渡る治療研究を行った。運動療法は週に三回実施した。その内容は、準備運動を一〇分、自転車こぎかウォーキングかジョギングを三〇分、クールダウンが五分であった。運動の強度は、最大心拍数の七〇から八五％程度であった。抑うつ症状は、構造化面接、ハミルトン抑うつ尺度、ベック抑うつ尺度などで評価した。治療終結時の回復率は、運動療法で六〇・四％、薬物療法で六五・五％、併用療法で六八・八％で、三群の違いはなかった。ところが、一〇ヶ月後にフォローアップを行ったところ、三群に大きな違いがあった。結果を図7・2に示す。

薬物療法や併用療法は、回復率が低く、再発が多い。運動療法はうつ病の治療にもっとも効果的で、再発もわずかであった。

ダンら[197]は、軽症と中程度のうつ病の治療に、運動の強度と頻度の要因がどのように作用

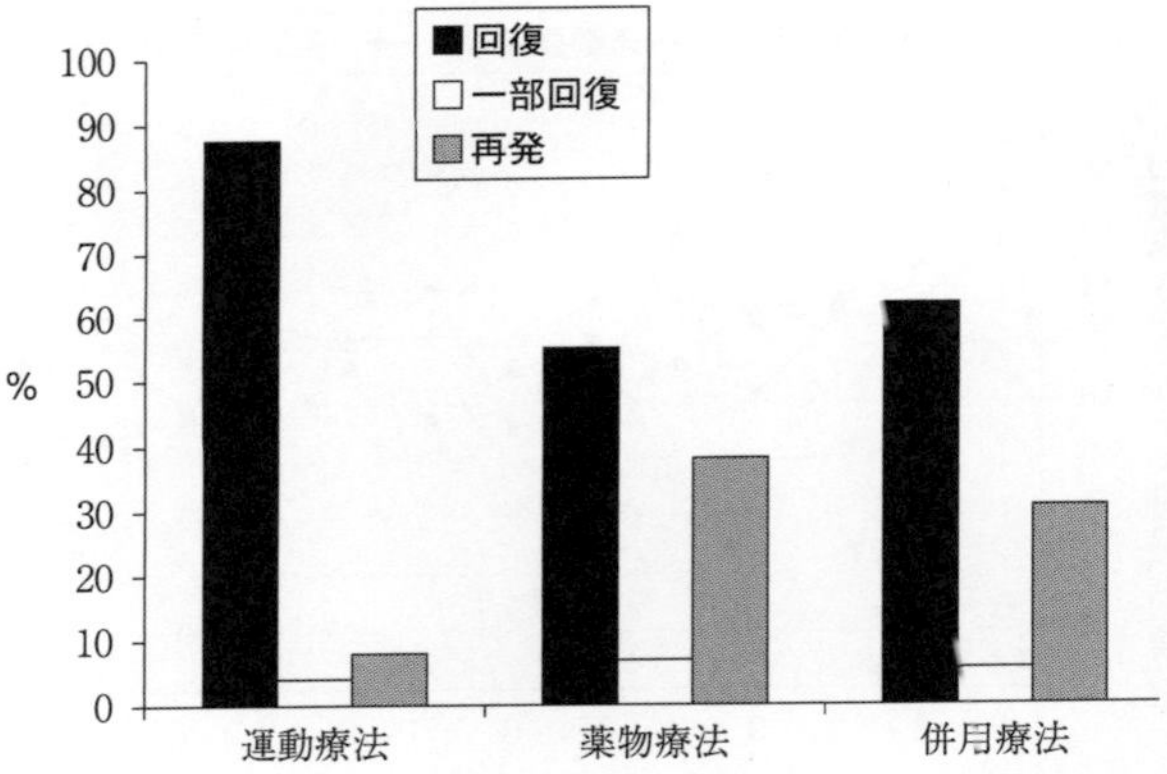

図7・2　10ヶ月後のフォローアップ。運動療法がうつ病の治療にもっとも効果的である。

するか、ランダム化比較試験での研究を行った。うつ病患者一六六四名にスクリーニングを四回行って、理想体重の一・六倍を超える体重の人、アルコールを週に二一杯以上飲む人、自殺リスクの高い人、半年以内に引っ越しの予定のある人、妊娠している人、などを除外した。そして、実験に協力してくれる患者八〇名を、四つの条件にランダムに割り付けた。運動強度は、七キロカロリー／週と、一七・五キロカロリー／週の二種類、頻度は三日／週と、五日／週であった。一七・五キロカロリー／週の運動強度は、公衆衛生上必要とされる強度である。なお、統制群も追加された。統制群は運動群と同様のスケジュールでストレッチを行っただけである。抑うつの指標は、ハミルトン抑うつ尺度である。一

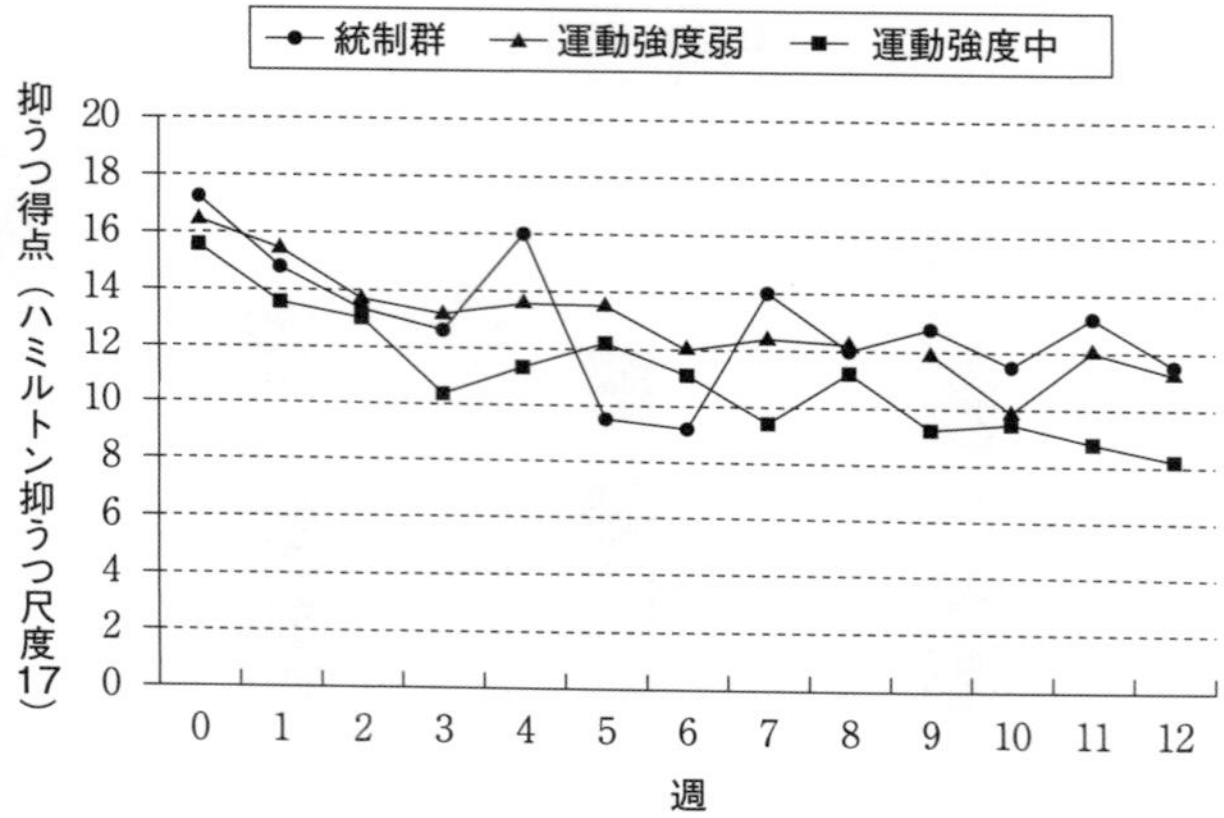

図7・3　統制群、運動強度弱、運動強度中の抑うつ得点の変化

二週間にわたる結果を図7・3に示す。一七・五キロカロリー／週の運動療法を行った群の抑うつ得点の低下が一番大きかった。運動頻度の要因の効果はなく、三日／週と、五日／週に違いはなかった。

運動療法は、うつ病の治療に効果的である。運動療法は、洞察力を必要としないので、ほとんどの患者に適用可能である。しかも、副作用もほとんどない。薬物療法よりは確実に優れているし、適用可能性の観点からは、認知行動療法よりも広い。唯一の問題点は、運動を習慣づけることが難しいことである。心理教育的な導入が必要であろう。

†あなたはうつ病か

うつ病は音もなく忍び寄る。最初は、少し

疲労感があり、活動性が低下するだけで、抑うつの自覚はない。うつ病が進行すると、抑うつ症状が現れるが、その時には脱出する気力も失われている。ただ、既に説明したように、うつ病の治療方法を知っていれば、気力はなくても、着実にうつ症状を押さえ込むこともできる。

さて、あなたには、うつ病の傾向が、どの程度あるだろうか。まず、次の質問を読んで、当てはまる場合にチェック・マークを入れて欲しい。

□仕事をする時はたいへん緊張します。
□すぐに泣く方です。
□何を読んでも以前のようには理解できません。
□いつも体がすっかり弱っているような気がします。
□くよくよ考え込みます。

次の質問には、当てはまらない場合にチェック・マークを入れて欲しい。

□特別の理由もないのに、異常に楽しく感じる時があります。

□時々、何の理由もなく、さらにはうまくいっていない時でさえ、世の中で一番幸せだと感じることがあります。
□回りにいる人と同じくらい、私にも能力があって利口だと思います。
□毎日、面白いことがいっぱいあります。
□身体は、たいていの友達と同じくらい健康です。
□他の人と同様に、神経質ではないと信じています。

全チェックの数の総計＝［　　］

合計得点が抑うつ傾向の素点である。世代差と性差は少しある。男性の全世代と、女性の二二歳以下と六〇歳以上では、七～八点でやや高得点、九点以上で高得点と解釈できる。女性の二三～五九歳では八～九点でやや高得点、一〇点以上で高得点と解釈できる。

やや高得点の人は、軽く落ち込んで、悲観的で、悩んでいる状態である。一時的に落ち込んで抑うつ状態になっている場合と、抑うつ状態が慢性化し、それに慣れている場合がある。高得点の人は、抑うつ状態が目立ち、かなり落ち込んでいて、生活全般でささいなことにも悩み、悲観的で、罪悪感にとらわれている状態である。

努力すれば、抑うつ状態は克服できる。認知行動療法的には、まず、気分が落ち込む以前に楽しかったことを紙に書き出す。旅行、趣味、散歩、スポーツ、買い物、読書、何でもよい。そのうち、一番簡単で、実行できそうなものを選んで、繰り返しイメージする。次に、実際に実行してみよう。運動療法的には、心拍に影響するような、ちょっと強めの散歩や、ランニングなど、スポーツを週に数回、生活の中で実行しよう。抑うつ気分は徐々に退散するはずである。抗うつ薬は、なるべく使わない方がよいだろう。薬は一時的に気分を回復するが、うつ病の再発を防ぐ力はない。

†なぜこんな事がわかるか

ここに示した抑うつ尺度は、ミネソタ多面人格目録ＭＭＰＩ－１の短縮改訂版のＭＩＮＩ－１２４から引用したものである。[198] ＭＭＰＩ－１の抑うつ尺度は、ハサウェイとマキンリが、純粋で単一の症状を示すうつ病患者五〇名を基準群とし、正常者男性一三九名、女性二〇〇名、大学生二六五名を統制群として、統計的な方法で二群をもっともよく弁別する項目を集めて構成した。基準関連的尺度構成という手間のかかる方法で、妥当性は高い。作成されたのは一九四四年と非常に古いが、精神疾患としてのうつ病の概念もほとんど変化していないので、現在でも使用可能である。ＭＩＮＩ－１２４の抑うつ尺度は、ＭＭＰ

I－1の抑うつ尺度と〇・七九の相関があり、信頼性係数は〇・七五である。たったの一一項目であるが、オリジナルの尺度との相関が高く、十分に使える範囲である。

†冷たい統計家と暖かい臨床家

「ランダムに五〇〇人の患者を抽出し、ある特定の治療を行い、他の五〇〇人の患者に他の治療を施した場合を想定しよう。そして最初の五〇〇人の群の死亡率が二番目の五〇〇人の群に比べて高かった場合、最初の群の治療は、二番目の群に比べ、より不適切かつ効果の少ないものであったと結論づけるべきであろう」

人の命をこのように冷たく扱って良いのだろうか。この統計的考え方には反感を募らせる人も多いだろう。「**科学の知**」は、分析的で、冷ややかで、個人的文脈を認めない。一方、臨床心理学や精神医学の専門家は、個人的文脈を重視し、世界との関わりの中で患者を理解しようとする。つまり「**臨床の知**」である。おそらく、このように反論するだろう。「このような医療は、まったくの経験偏重主義である。そこには、何ら論理的な帰納がなく、実験的観察と断片的な事実という低次元に根ざすものに過ぎない。生身の患者それぞれが持つ特異体質すべてと対峙すべきであり、数量的方法では患者の個人的特質をすべて剝ぎ取り、質問の持つ偶発性の価値を排除してしまう。個別の症例においては数量に依存するよりも見ることの価値に重点を置いて判断すべきである」

実は、最初の発言は、一八三六年にフランスのピエール・ルイが数量的方法の概略を説明した部分である。反論の部分は、フランスの科学アカデミーの数人の議論をまとめたものである。[199] ルイは、医学統計の創始者で、ラ・ピティエ病院で簿記係のように、数百人の患者に、発病の時期、症状、既往歴など、決まった質問を繰り返してデータを収集して統計的な一覧表を作成した。

二五〇〇年間、ヨーロッパでの病気の治療法は、瀉血《しやけつ》という方法であった。瀉血は古代エジプトや古代ギリシャに起源があり、一九世紀まで続いた。生命の源は血であり、病気は血が病むからである。したがって、病気を治すには、悪い血を抜けばよい。それも、血を気絶するまで抜けば抜くほど、治療効果が高いはずである。瀉血ほど多くの奇跡を起こした治療法はないと信じられていた。

瀉血が廃れた要因はいくつもあるが、主要な要因に、ルイの始めた医学統計学がある。瀉血の治療効果を統計的に調べると、なんの効果も上げていないことに気づく。また、イギリスで一八三〇年代に発疹チフスが流行した時、瀉血を施した患者がバタバタと死亡するという事件があった。瀉血の害は明らかであった。その他、細菌学などの登場によっても、瀉血の意味は失われた。[200]

ルイの始めた医学統計学は、フランスの科学アカデミーによって、生身の患者自身を見ないと批判され、クロード・ベルナールの権威によって一〇〇年間、抑圧されて、衰退した。しかし、医学統計学はイギリスで進歩し、一〇〇年後にフランスに輸入されるに至った。

人の死を数えるという冷たい医療統計学は何をしたか。二五〇〇年間の誤った治療法を改革し、数え切れない人命を救ったのではないか。生身の患者自身を見ないと批判し、瀉血という従来の治療法に拘った人たちは何をしたか。何万人かの人命を損ねたではないか。

†日本はどこに向かうか

日本の精神医学や臨床心理学の専門家は、思想的には一九世紀のフランスの科学アカデミーの立場に近い。精神医学はＤＳＭ－Ⅳの記述主義に転換しつつあるが、まだ、十分でないし、臨床心理学の遅れは目立つ。学問的水準は、残念ながらかなり低い。うつ病の治療だけを見ても、世界に伍する研究論文がないし、臨床的実践活動も二〇年から三〇年遅れている。

二〇〇八年の日本の自殺者数は、三万二二四九人と一一年連続で三万人を超えた。人口一〇万人あたりの自殺者は二三・七名で、世界で八位である。上位には、リトアニア、ベラルーシ、ロシアなどが並ぶ。アメリカは一一・〇名で、日本の自殺者の半分以下である。エビデンスのある治療法を採用するだけで、自殺者は半減できるはずだし、自殺予備軍やうつ病患者全体を含めれば、数百万人以上の人々に恩恵が与えられる。どこに向かえばよいか、明らかだろう。

註

【第1章】

1　派生語を調べてみると面白い。skhizein（分割する）から schizo-（分裂した）が生まれ、-phrenia（精神障害）と結合すると、schizophrenia（精神分裂病、統合失調症）になるし、con-（共に、完全に）と scientia（知識）が結合すると、conscience（共通の知識、完全な認識→良識）となる。

2　アイヘルブルグ、P.C.ゼクスル、R.U.（編）江沢洋・亀井理・林憲二（訳）『アインシュタイン―物理学・哲学・政治への影響―』（岩波書店、一九七九年）。

3　クームス、C.H.・ドーズ、R.M.・トヴァスキー、A.（著）小野茂（監訳）『数理心理学序説』（新曜社、一九七四年）。

4　Sackett, D.L., et. al. Evidence based medicine : What it is and what it isn't. *BMJ*, 1996, 312, 71-72.

5　Randamized Comparison Trial。医学領域の用語。ランダム割り当てした実験群と統制群を用いた研究法を指す。

6　Meta-analysis。多くの研究を統計的にまとめる方法。ここではランダム化比較試験を行った研究のまとめを指す。

7 Grahame-Smith, D. Education and debate. Evidence based medicine : Socratic dissent. *BMJ*, 1995, 310, 1126-1127

8 バデノック、D.・ヘネガン、C.（著）斉尾武郎（監訳）『EBMの道具箱』（中山書店、二〇〇二年）。

9 いくつかの年齢集団を何年も追跡調査する研究。詳しくは五四ページ参照。

10 陰山英男「子どもと伸びる」日本経済新聞、二〇〇八年六月一四日。

11 Benson, P.G. 2001 Hawthorne effect. In W.E.Craighead & C.B.Nemeroff (Eds.) *The Corsini encyclopedia of psychology and behavioral science. Third edition.* John Wiley & Sons.

12 Parsons, H.M. What happened at Hawthorne? *Science*, 1974, 183, 922-932.

13 Kompier, M.A.J. The "Hawthorne effect" is a myth, but what keeps the story going? *Scandinavian Journal of Work, Environment and Health*, 2006, 32, 402-412.

14 繁桝算男・柳井晴夫・森敏昭（編）『Q&Aで知る統計データ解析』（サイエンス社、一九九九年）。

15 **信頼性係数＝真値の分散／測定値の分散**で定義される。真の値の重みと考えてもよい。心理テストとして使用するには、〇・八〇以上の信頼性係数が必要である。同じテストを二回実施してテスト間の相関係数を求めると、信頼性係数にほぼ一致する。

16 $10\sqrt{(1-0.8)}$で計算する。

17 差がないという仮説を立てると数学的に理論分布が計算できるが、差があるという仮説を立てると、無限に多くのケースがあり、数学的に推論できなくなる。そこで、差があることを証明するために、差がないという仮説を立てる。これが帰無仮説である。統計的推論は数学的帰納法に似ている。

18 専門書は、永田靖・吉田道弘『統計的多重比較法の基礎』(サイエンティスト社、一九九七年)しかない。古典的な方法では、シェフェやテューキーの方法があり、分散分析の本で紹介されていることがある。ボンフェローニ法は、k 個の仮説の多重比較をする場合、有意水準を α/k に調整して行うというもので、検出力が低く、保守的すぎる。これを改良したのがホルム法で、最初の検定で有意水準を α/k とし、仮説が一つ減ったので、次の検定で有意水準を $\alpha/(k-1)$ とし、さらに次の検定で、有意水準を $\alpha/(k-2)$ とし、……と計算する。

19 リーバート、R.M.・パウロス、R.W.・マーマー、G.S.(著)村田孝次(訳)『発達心理学』(新曜社、一九七八年)

20 豊田秀樹『共分散構造分析[入門編]—構造方程式モデリング—』(朝倉書店、一九九八年)が良い入門書だと思う。

21 安元美乃「自然体験活動が子どもの心理的側面に及ぼす影響」富山大学卒業論文、二〇〇六年。

【第2章】

22 コーホート(cohort)とは古代ローマの歩兵隊の一隊を指す言葉で、三〇〇〜六〇〇名で構成されていた。そこから、一般的な意味での軍隊とか仲間という意味になった。

23 詳しくは、村上宣寛『IQってホントは何なんだ? 知能をめぐる神話と真実』(日経BP社、二〇〇七年)を参照していただきたい。

24 村上宣寛・村上千恵子『主要5因子性格検査ハンドブック　改訂版』(学芸図書、二〇〇八年)。

25 Bouchard, T.J., and McGue, M. 2003 Genetic and environmental influences on human psychological differences. *Journal of Neurobiology*, 54, 4-45.

26 Plomin, R., & Spinath, F.M. 2002 Genetics and general cognitive ability(g). *TRENDS in Cognitive Sciences*, 6, 169-176.

27 Bouchard, T.J.,& Loehlin, J.C. 2001 Genes, Evolution, and Personality. *Behavior Genetics*, 31, 243-273.

28 Loehlin, J.C. 1992 *Genes and environment in personality development*. Newbury Park : SAGE Publications.

29 Loehlin, J.C., McCrae, R.R., Costa, P.T., & John, O.P. 1998 Heritabilities of common and measure-specific components of the big five personality factors. *Journal of Research in Personality*, 32, 431-453.

30 Loehlin, J.C., Horn, J.M., & Ernst, J.L. 2007 Genetic and environmental influences on adult life outcomes : Evidence from the Texas adoption project. *Behavior Genetics*, 37, 463-476.

31 Bouchard, T.J.Jr. 2004 Genetic influence on human psychological traits. *Current Directions in Psychological Science*, 13, 148-151.

32 Rodgers, J.L. 2001 What causes birth order-intelligence patterns? *American Psychologist*, 56, 505-510.

33 Zajonc, R.B. 2001 The family dynamics of intellectual development. *American Psychologist*, 56,

490-496.
34 Downey, D.B. 2001 Number of siblings and intellectual development. —The resource dilution explanation. *American Psychologist*, 56, 497-504.
35 Bjerkedal, T., Kristensen, P. Skjeret, G.A. ,& Brevik, J.I. 2007 Intelligence test scores and birth order among young Norwegian men (conscripts) analyzed within and between families. *Intellitence*, 35, 503-514.
36 真の得点が九五％の確率でこの範囲に入ること。
37 Kristensen, P.,& Bjerkedal, T. 2007 Explaining the relation between birth order and intelligence. *Science*, 316, 1717.
38 危険率は〇・七六であった。出生順位がＩＱに関係があると推論すると、誤りである確率が七六％という意味である。
39 Holmgren, S., Molander, B.,& Nilsson, L. 2006 Intelligence and executive functioning in adult age : Effects of sibship size and birth order. *European Journal of Cognitive Psychology*, 18, 138-158.
40 Boomsma, D.I., van Beijsterveld, C.E.M., Beem, A.L., Hoekstra, R.A., Polderman, T.J.C.,& Bartels, M. 2008 Intelligence and birth order in boys and girls. *Intelligence*, 36, 630-634.
41 清水弘司『はじめてふれる性格心理学』（サイエンス社、一九九八年）。
42 渋谷昌三、小野寺敦子『手にとるように心理学がわかる本』（かんき出版、二〇〇六年）。
43 依田明、深津千賀子、一九六三年「出生順位と性格」教育心理学研究、11、四七-五〇頁

44 岩井勇児、一九九五年「2人きょうだいの出生順位と性格（続報）―長子的性格、次子的性格への疑問」愛知教育大学研究報告（教育科学）、四四、九一-一〇〇。

45 Eckstein, D. 2000 Empirical studies indicating significant birth-order related personality differences. *The Journal of Individual Psychology*, 56, 481-494.

46 Jefferson, T.,Jr., Herbst, J.H., & McCrae, R.R. 1998 Associations between birth order and personality traits : Evidence from self-reports and observer ratings. *Journal of Research in Personality*, 32, 498-509.

47 外向性、協調性などの各主要五因子に所属する下位因子が各六つ定義されている。それが側面因子である。例えば、外向性には、温かさ、群居性、主張性、活動性、興奮探索、肯定的情動の六つの側面因子がある。

48 Beer, J.M.,& Horn, J.M. 2000 The influence of rearing order on personality development within two adoption cohorts. *Journal of Personality*, 68, 789-819.

49 多くの家族から長子や次子を抽出し、長子の集団と次子の集団の属性を比較する研究。発達研究では横断的研究に相当する。

50 多くの家族から長子や次子を抽出する点は、家族間の分析と同じだが、家族内での長子と次子の対応関係を維持しながら分析を行う。この方法では長子と次子の平均年齢が異なってしまうので、年齢要因を排除できない。

51 Beck, E., Burnet, K.L., & Vosper, J. 2006 Birth-order effects on facets of extraversion. *Personality and Individual differences*, 40, 953-959.

52 村上宣寛、村上千恵子『主要5因子性格検査ハンドブック　改訂版』（学芸図書、二〇〇八年）。

53 Dixon, M.M., Reyes, C.J., Leppert, M.F.,& Pappas, L.M. Personality and birth order in large families. *Personality and Individual Differences*, 44, 119-128.

54 類推によるこじつけである。ばかばかしい理論だが、長い間まじめに信じられてきた。

55 リーバート、R.M.・パウロス、R.W.・マーマー、G.S.（著）村田孝次（訳）『発達心理学』（新曜社、一九七八年）。

56 ハリス、J.R.（著）石田理恵（訳）『子育ての大誤解―子どもの性格を決定するものは何か』（早川書房、二〇〇〇年）。

57 Paulussen-Hoogeboom, M.C., Stams, G.J.J.M., Hermanns, J.M.A.,& Peetsma, T.T.D. 2007 Child negative emotionality and parenting from infancy to preschool : A meta-analytic review. *Developmental Psychology*, 43, 438-453.

58 数十から数百の実証的研究のデータをまとめ上げる統計手法で、論文中の相関係数の大きさを、被験者数や分散の大きさなどで補正し、平均化していく方法である。

【第3章】

59 Roth, G.,& Dicke, U. 2005 Evolution of the brain and intelligence. *TRENDS in Cognitive Sciences*, 9, 250-257.

60 オスカル・プフングスト（著）秦和子（訳）『ウマはなぜ「計算」できたのか　「りこうなハンス効果」の発見』（現代人文社、二〇〇七年）。

61 図はバウアー、G.H.・ヒルガード、E.R.（著）梅本堯夫（監訳）『学習の理論』原著第5版・（培風館、一九八八年）より引用。

62 Gardner, R.A.,& Gardner, B.T. 1969 Teaching sign language to a chimpanzee. *Science*, 165, 664-672.

63 プリマック、A.J.（著）中野尚彦（訳）『チンパンジー読み書きを習う』（思索社、一九七八年）。

64 Rumbaugh, D.M., Gill, T.V., & von Glasersfeld, E.C. 1973 Reading and sentence completion by a chimpanzee. *Science*, 182, 731-733.

65 Lachman, J.L.M., & Lachman, R. 1974 Language in man, monkeys, and machines. *Science*, 185, 871-872.

66 アンダーソン、J.R.（著）富田達彦・他（訳）『認知心理学概論』（誠信書房、一九八二年）。

67 松沢哲朗『チンパンジーの心』（岩波現代文庫、二〇〇〇年）、初版は一九九一年。

68 Premack, D., & Woodruff, G. 1978 Does the chimpanzee have a theory of mind. *The Behavioral and Brain Sciences*, 4, 515-526.

69 Call, J., & Tomasello, M. 2008 Does the chimpanzee have a theory of mind? 30 years later. *TRENDS in Cognitive Sciences*, 12, 5, 187-192.

70 Wimmer,H.,& Perner, J. 1983 Beliefs about beliefs : Representation and constraining function of wrong beliefs in young children's understanding of deception. *Cognition*, 13, 103-128.

71 Onishi, K.H., & Baillargeon, R. 2005 Do 15-month-old infants understand false beliefs? *Science*,

308, 255-258.
72 子安増生・木下孝司 1997 「〈心の理論〉研究の展望」心理学研究, 68, 51-67.

【第4章】

73 Pockett, S. 2002 On subjective back-referral and how long it takes to become conscious of a stimulus : A reinterpretation of Libet's data. *Consciousness and Cognition*, 11, 144-161.
74 Kitazawa, S. 2002 Where conscious sensation takes place. *Consciousness and Cognition*, 11, 475-477.
75 小松英彦、二〇〇三年「脳における色情報処理」http://chihara.aist-nara.ac.jp/gakkai/VIR/2003PDF/S-02.pdf
76 Koch, C. 1996 A neuronal correlate of consciousness. *Current Biology*, 6, 492.
77 原語は、conscious will。意志には意識を伴うものと、意識を伴わないものがある。それを区別した表現。
78 前野隆司『脳はなぜ心を作ったのか』(筑摩書房、二〇〇四年)。
79 Wegner, D. M. & Wheatley, T. 1999 Apparent mental causation. : Sources of the experience of will.*American Psychologist*, 54, 480-492. Wegner, D. M. 2003 The mind's best trick : How we experience conscious will. *TRENDS in Cognitive Sciences*, 7, 65-69. Wegner, D. M. 2004 Précis of The Illusion of Conscious Will. *Behavioral and Brain Sciences*, 27, 649-692.
80 Jacobson, J.W., Mulik, J.A.,& Schwartz, A.A. 1995 A history of facilitated communication :

Science, Pseudoscience, and antiscience : Science working group on facilitated communication. *American Psychologist*, 50, 750–765.

81 Wegner, D.M.& Fuller, V.A. 2003 Clever Hands : Uncontrolled intelligence in facilitated communication. *Journal of Personality and Social Psychology*, 85, 5–19.

82 Sato, A.,& Yasuda, A. 2004 Illusion of sense of self-agency : Discrepancy between the predicted and actual sensory consequences of actions modulates the sense of self-agency, but not the sense of self-ownership. *Cognition*, 95, 241–255.

83 Sato, A. 2009 Both motor prediction and conceptual congruency between preview and action-effect contribute to explicit judgment of agency.*Cognition*, 74–83.

84 de Vignemont, F.,& Fourneret, P. 2003 The sense of agency : A philosophical and empirical review of the "Who" system.*Consciousness and Cognition*, 13, 1–19.

85 Botvinick, M.,& Cohen, J.D. 1998 Rubber hands'feel' touch that eyes see. *Nature*, 391, 756.

86 Peled, A., Ritsner, M., Hirschmann, S., Geva, A.B.,& Modai, I. 2000 Touch feel illusion in schizophrenic patients. *Biological Psychiatry*, 48, 1105–1108.

87 Tsakiris, M., Schütz-Bosbach, S.,& Gallagher, S. 2007 On agency and body-ownership : Phenomenological and neurocognitive reflections. *Consciousness and Cognition*, 16, 645–660.

88 Blanke, O.,& Metzinger, T. 2009 Full-body illusions and minimal phenomenal selfhood. *TRENDS in Cognitive Sciences*, 13, 7–13.

【第5章】

89 肩駒、肩車の転。

90 「幼児期の顕著な出来事の記憶」U.ナイサー（編） 富田達彦（訳）『観察された記憶（上）——自然文脈での想記』（誠信書房、一九八八年）、二三九〜二五一ページ。

91 Usher, J.A. & Neisser, U. 1993 Childhood amnesia and the beginnings of memory for four early life events. *Journal of Experimental Psychology : General*, 122, 155-165.

92 Rubin, D.C.,& Schulkind, M. D. 1997 Distribution of important and word-cued autobiographical memories in 20-, 35-, and 70-year-old adults. *Psychology and Aging*, 12, 524-535.

93 Hayne, H. 2004 Infant memory development : Implications for childhood amnesia. *Developmental Review*, 24, 33-73.

94 室内につり下げた動くオモチャ、ガラガラのような物

95 Hayne, H. 2004 Infant memory development : Implications for childhood amnesia. *Developmental Review*, 24, 33-73.

96 Peterson, C. 2002 Children's long-term memory for autobiographical events. *Developmental Review*, 22, 370-402.

97 ロフタス、E.F.一九九七年「偽りの記憶をつくる―あなたの思い出は本物か―」日経サイエンス、一二、一八-二五。

98 ロフタス、E.F.・ケッチャム、K. 仲真紀子（訳）『抑圧された記憶の神話——偽りの性的虐待の記憶をめぐって』（誠信書房、二〇〇〇年）。

99 Howe, M.L. 1997 Children's memory for traumatic experiences. *Learning and Individual Differences*, 9, 153-174.

100 ジェームズ、W.（著）今田恵（訳）『心理学』（岩波文庫、一九三九年、原版一八九〇年）

101 ノーマン、D.A.（著）富田達彦・他（訳）『記憶の科学』（紀伊國屋書店、一九七八年）。

102 エビングハウス、H.（著）宇津木保（訳）、望月衛（閲）『記憶について』（誠信書房、一九七八年）。ドイツの初版は一八八五年である。

103 Postman, L.& Warren, L. 1972 Test of the total-time hypothesis in free-recall learning. *Journal of Experimental Psychology*, 96, 176-183.

104 Underwood, B.J. 1970 A Breakdown of the total-time law in free-recall learning. *Journal of Verbal Learning and Verbal Behavior*, 9, 573-580.

105 多鹿秀継（編）『学習心理学の最先端』（あいり出版、二〇〇八年）。

106 リントン「日常生活における記憶の変形」U.ナイサー（編）富田達彦（訳）『観察された記憶（上）——自然文脈での想起』（誠信書房、一九八八年）、九四〜一一一ページ。原著は一九八二年。

107 Rubin, D.C. 1982 On the retention function for autobiographical memory. *Journal of Verbal Learnig and Verbal Behavior*, 21, 21-38.

108 Rubin, D.C., Hinton, S., & Wenzel, A. 1999 The Precise Time Course of Retention. *Journal of Experimental Psychology : Learning, Memory, and Cognition*, 25, 1161-1176.

109 記憶研究では、一定の学習材料を記憶して、記憶テストを行う。再生法では、単純に学習したことを思い出す。再認法では、紛らわしい多くの項目の中から記憶した項目を選択させる。また、記憶テストの実施時期では、学習の直後に行う場合と時間をおいて行う場合がある。再生法や再認法と組み合わせると、直後再生法、遅延再生法、直後再認法、遅延再認法などとなる。思い出す手かがりを与えると、手がかり再生法や手がかり再認法になる。

110 Sikström, S. 2002 Forgetting curves : implications for connectionist models. *Cognitive Psychology*, 45, 95-152.

111 プラトン（著）田中美知太郎（訳）『クラテュロス』『テアイテトス』（岩波書店、一九七四年）。

112 Peterson, L.R.& Peterson, M.J. 1959 Short-term retention of individual verbal items. *Journal of Experimental Psychology*, 58, 193-198.

113 Keppel, G., & Underwood, B.J. 1962 Proactive inhibition in short-term retention of single items. *Journal of Verbal Learning and Verbal Behavior*, 1, 153-161.

114 Waugh, N.C., & Norman, D.A. 1965 Primary memory. *Psychological Review*, 72, 89-104.

115 福田有児、一九八六年「プローブ実験による短期記憶の忘却に関する研究」富山大学卒業論文。

116 Anderson, M.C. 2003 Rethinking interference theory : Executive control and the mechanisms of forgetting. *Journal of Memory and Language*, 49, 415-445.

117 ミラー、G.A.・ギャランター、E.・プリブラム、K.H.（著）十島雍蔵・他（訳）『プランと行動の構造——心理サイバネティクス序説』（誠信書房、一九八〇年）。

118 読者も何度か読み上げて、覚えて欲しい。数字の視覚的イメージに、覚えるべき単語の視覚イメージを何らかの形で結合させると、記憶に残りやすい。例えば、一番目は小さなパンなので、それを覚えるべき灰皿の上に乗せたイメージを作ってみよう。二度と忘れられなくなるはずだ。

119 ノーマン、D.A.（著）富田達彦（訳）『記憶の科学』（紀伊國屋書店、一九七八年）。リンゼイ、P.H.・ノーマン、D.A.（著）中溝幸夫・他（訳）『情報処理心理学入門II——注意と記憶——』（サイエンス社、一九八四年）。

120 桑木野幸治、二〇〇三年「ロクス・アモエヌス（心地よき場）としてのルネサンス庭園と場所記憶術」日本建築学会計画系論文集、五六九、二三九-二四四。

121 Atkinson, R.C. 1975 Mnemotechnics in second-language learning. *American Psychologist*, 30, 821-828.

122 Paivio, A.,& Desrochers, A. 1981 Mnemonic techniques in second-language learning. *Journal of Educational Psychology*, 73, 780-795.

123 O'Hara, R., Brooks III, J.O., Friedman, L., Schröder, C.M., Morgan, K.S.,& Kraemer, H. C. 2007 Long-term effects of mnemonic training in community-dwelling older adults. *Journal of Psychiatric Research*, 41, 585-590.

124 Jones, S., Nyberg,L., Sandblom, J., Neely, A.S., Ingvar, M., Petersson, K.M.,& Bäckman, L. 2006 Cognitive and neural plasticity in aging : General and task-specific limitations. *Neuroscience and Biobehavioral Reviews*, 30, 864-871.

125 先行学習が後行学習に与える影響のこと。先行学習の影響で後行学習が促進される場合を正の転移という。学習転移の大きさを規定する要因は多いが、その一つの重要な要因として先行学習の理解を挙げておきたい。

【第6章】

126 Asch, S.E. 1946 Forming impressions of personality. *Journal of Abnormal and Social Psychology*, 41, 258-290.

127 Kelley, H. 1950 The warm-cold variable in first impressions of persons. *Journal of Personality*, 18, 431-439.

128 Gestalt はドイツ語で、姿、形態、という意味である。接頭語の Ge-は、集合、共同、完全という意味、stalt は stellen という動詞の名詞形で、配置するという意味である。それで、逐語的には、Gestalt は、完全な全体的配置という意味になる。

129 Williams, J.E., Munick, M.L., Saiz, J.L.,& FormyDuval, D.L. 1995 Psychological Importance of the "Big Five": Impression formation and context effects. *Personality and Social Psychology Bulletin*, 21, 818-826.

130 Carney, D.R., Colvin, C.R.,& Hall, J.A. 2007 A thin slice perspective on the accuracy of first impressions *Journal of Reasearch in Personality*, 41, 1054-1072.

131 Kammrath, L.K., Ames, D.R.,& Scholer, A.A. 2007 Keeping up impressions : Inferential rules for impression change across the Big Five. *Journal of Experimental Social Psychology*, 43, 450-457.

132 Letzring, T.D. 2008 The good judge of personality : Characteristics, bahaviors, and observer accuracy. *Journal of Reasearch in Personality*, 42, 914-932.
133 Sears, D.O. 1983 The person-positivity bias. *Journal of Personality and Social Psychology*, 44, 233-250.
134 Byrne, D.,& Nelson, D. 1965 Attraction as a linear function of proportion of positive reinforcements. *Journal of Personality and Social Psychology*, 1, 659-663.
135 Henderson, M. & Furnham, A. 1982 Similarity and attraction : the relationship between personality, beliefs, skills, needs and friendship choice. *Journal of Adolescence*, 5, 111-123.
136 Paunonen, S.V. 2006 You are honest, therefore I like you and find you attractive. *Journal of Research in Personality*, 40, 237-249.
137 村上宣寛、村上千恵子『主要5因子性格検査ハンドブック　改訂版』(学芸図書、二〇〇八年)、第一三章　語彙研究、再び。
138 Tyler, J.M., Feldman. R.S., & Reichert, A. 2006 The price of deceptive behavior : Disliking and lying to people who lie to us. *Journal of Experimental Social Psychology*, 42, 69-77.
139 Vaquera, E., & Kao, G. 2008 Do you like me as much as I like you? Friendship reciprocity and its effects on school outcomes among adolescents. *Social Science Research*, 37, 55-75.
140 アメリカで言われている通俗的な人種概念である。
141 Barber, N. 1995 The evolutionary psychology of physical attractiveness : Sexual selec-

tion and human morphology. *Ethology and Sociobiology*, 16, 395-424.

142 Thornhill, R., & Gangestad, S.W. 1999 Facial attractiveness. *TRENDS in Cognitive Sciences*, 3, 452-460.

143 身長（メーター）の二乗で体重（キログラム）を割った値。標準値は二二程度。

144 Swami, V., & Tovée. M.J. 2005 Female physical attractiveness in Britain and Malaysia : A cross-cultural study. *Body Image*, 2, 115-128.

145 Figueredo, A.J., Sefcek, J.A., & Jones, D.N. 2006 The ideal romantic partner personality. *Personality and Individual Differences*, 41, 431-441.

146 Shackelford, T.K., Schmitt, D.P., & Buss, D.M. 2005 Universal dimensions of human mate preferences. *Personality and Individual Differences*, 39, 447-458.

147 エクセルロッド、R.（著）松田裕之（訳）『つきあい方の科学―バクテリアから国際関係まで』ミネルヴァ書房、一九九八年。

148 Nowak, M.A, & Sigmund, K. 2005 Evolution of indirect reciprocity. *Nature*, 437, 1291-1298.

149 Helbing, D., & Yu, W. 2009 The outbreak of cooperation among success-driven individuals under noisy conditions. *Proceedings of the National Academy of Sciences*, 106, Feb. 23.

150 Craighead, W.E. , & Nemeroff, C.B. (Eds.) 2001 *The Corsini encyclopedia of psychology and behavioral science. Third Edition*. New York : John Willey & Sons. 大渕憲一『人を傷つける心』（サイエンス社、一九九三年）

151　ローレンツ、K.（著）日高敏隆（訳）『ソロモンの指環―動物行動学入門―』（ハヤカワ文庫、一九九八年）、小原秀雄（訳）『人イヌにあう』（至誠堂選書、一九六六年）など、エッセイは軽妙で面白い。

152　モリス、D.（著）日高 敏隆（訳）『裸のサル―動物学的人間像』（角川文庫、一九九九年改版）、藤田 統（訳）『マンウォッチング』（小学館文庫、二〇〇七年）なども楽しく読める。

153　心理学の学術用語で、行動するために必要な内的状態が動因、外的条件が誘因、それらを総称して動機、あるいは、モチベーションという。

154　Bandura, A., Ross, D., & Ross, S.A. 1961 Transmission of aggression through imitation of aggressive models. *Journal of Abnormal and Social Psychology*, 63, 575-582.

155　Comstock, G., & Strasburger, V.C. 1990 Deceptive Appearances : Television violence and aggressive behavior. *Journal of Adolescent Health Care*, 11, 31-44.

156　Ferguson, C.J., & Kilburn, J. 2009 The public health risks of media violence : A meta-analytic review. *The Journal of Pediatrics*, 154, 759-763.

157　Asch, S. E. 1955 Opinions and social pressure. *Scientific American*, 193, 31-35.

158　実験一の報告は一九六三年に行われたが、全体像が明らかになったのは一九七四年である。以下の論文と書籍が詳しい。Milgram, S. 1963 Behavioral study of obedience. *Journal of Abnormal and Social Psychology*, 67, 371-378. ミルグラム、S.（著）岸田秀（訳）『服従の心理　アイヒマン実験』（河出書房新社、一九九五年）。ブラス、T.（著）野島久雄、藍澤美紀（訳）『服従実験とは何だったのか。――スタンレー・ミルグラムの生涯と遺産』（誠信書房、二〇〇八年）。

159 Burger, J.M. 2009 Replicating Milgram. Would people still obey today? *American Psychologist*, 64, 1-11.

160 Ferguson, C.J., & Beaver, K.M. 2009 Natural born killers : The genetic origins of extreme violence. *Aggression and Violent Behavior*, doi:10.1016/j.avb.2009.03.005

161 村上宣寛 村上千恵子『MMPI-1 MINI MINI-124 ハンドブック』（学芸図書、二〇〇九年）。

162 Megargee, E.I., Cook, P.E., & Mendelsohn, G.A. 1967 Development and validation of an MMPI scale of assaultiveness in overcontrolled individuals. *Journal of Abnormal Psychology*, 72, 519-528.

163 村上宣寛『心理尺度のつくり方』（北大路書房、二〇〇六年）。

【第7章】

164 http://psycho01.edu.u-toyama.ac.jp/

165 富山県臨床心理士会長高野利明「貴大学ホームページの記載についての紹介および臨床心理士資格試験受験のための指定大学院の設置についてのお願い」という富山大学学長西頭徳三宛の文書、二〇〇七年一〇月二日。

166 日本臨床心理士会「臨床心理士の動向ならびに意識調査報告書」二〇〇六年、二〇〇九年。

167 http://www.mof.go.jp/jouhou/syukei/sy160622/1606d.htm

168 心理学研究の基礎 http://mat.isc.chubu.ac.jp/fpr/fpr2005/index.html 南風原朝和、二〇

○五年六月九日。長谷川芳典、二〇〇五年五月二四日。
169 記述不足で不明確であるが、臨床心理士と臨床心理士に準ずる者の両方が含まれると思われる。
170 鵜養啓子、二〇〇七年「文部科学省スクールカウンセラー活用事業に係る学校臨床心理士へのサポートのあり方。―東京臨床心理士会会員への調査から―」学苑・人間社会学部紀要、七九六、九〇-九七。（昭和女子大学）
171 Routh, D.K. Clinical psychology, History. In W.E.Craighead & C.B.Nemeroff(Eds.) *The Corsini encyclopedia of psychology and behavioral science. Third edition* John Wiley & Sons, 2001.)
172 http://www.apa.org/divisions/div12/aboutcp.html
173 Clinical psychology. *Encyclopaedia Britannica. Retrieved April 27*, 2009, from Encyclopaedia Britannica 2006 Ultimate Reference Suite DVD.
174 保田直美、二〇〇三年「臨床心理学における科学性基準の変遷」教育社会学研究、七二、一三一-一四九。
175 後に臨床心理士資格認定協会の初代会長になった。
176 藤原勝紀「日本における臨床心理学の独自性」下山晴彦、丹野義彦（編）『講座 臨床心理学1』（東京大学出版会、二〇〇一年）2部1章。
177 http://www.ajcp.info/aboutajcptop.htm
178 http://www.geocities.jp/nichirinshin/

179 丹野義彦、二〇〇一年「実証にもとづく臨床心理学に向けて」教育心理学年報、四〇、一五七-一六八。丹野義彦「実証にもとづく臨床心理学」下山晴彦、丹野義彦（編）『講座 臨床心理学1』（東京大学出版会、二〇〇一年）2部3章。

180 村上宣寛、村上千恵子『改訂 臨床心理アセスメントハンドブック』（北大路書房、二〇〇八年）。

181 American Psychiatric Association 『DSM-Ⅳ-TR 精神疾患の診断・統計マニュアル』（医学書院、二〇〇二年）。

182 北村俊則『精神症状測定の理論と実際』（海鳴社、一九八八年）。ヒーリー、D.（著）林建郎、田島治（訳）『抗うつ薬の時代―うつ病治療薬の光と影―』（星和書店、二〇〇四年）。

183 英語は、major depression で、抑うつが主症状であるという意味である。大きな（ひどい状態の）うつ病という意味ではない。

184 村上宣寛、村上千恵子『改訂 臨床心理アセスメントハンドブック』（北大路書房、二〇〇八年）。

185 ポトカー、J.・テーズ、M.（著）島悟（監訳）『最新 うつ病治療ハンドブック』（日本評論社、二〇〇四年）。

186 Hughes, S., & Cohen, D. 2009 A systematic review of long-term studies of drug treated and non-drug treated depression. *Journal of Affective Disorders*, doi:10.1016/j.jad.2009.01.027

187 Oquendo, M.A. , & Mann, J.J. 2001 Neuroimaging findings in major depression, sucidal behavior and aggression. *Clinical Neuroscience Research*, 1, 377-380.

188 ポトカー、J.・テーズ、M.（著）島悟（監訳）『最新　うつ病治療ハンドブック』（日本評論社、二〇〇四年）。
189 Hall, W.D. 2006 How have the SSRI antidepressants affected suicide risk? www.thelancet.com, Vol.367, June 17.
190 Ludwig, J., Marcotte, D.E., & Norberg, K. 2009 Anti-depressants and suicide. *Journal of Health Economics*, doi:10.1016/j.jhealeco.2009.02.002.
191 田島治『精神医療の静かな革命—向精神薬の光と影—』（勉誠出版、二〇〇六年）。
192 Öst, L. 2008 Efficacy of the third wave of behavioral therapies : A systematic review and meta-analysis. *Behaviour Research and Therapy*, 296–321.
193 Imel, Z.E., Malterer, M.B., McKay, K.M. Wampold, B.E. 2008 A meta-analysis of psychotherapy and medication in unipolar depression and dysthymia. *Journal of Affective Disorders*, 110, 197–206.
194 de Maat, S.M., Dekker, J., Schoevers, R.A., & de Jonghe, F. 2007 Relative efficacy of psychotherapy and combined therapy in the treatment of depression : A meta-analysis. *European Psychiatry*, 22, 1–8.
195 van Praag, H. 2009 Exercise and the brain : Something to chew on. *Trends in Neurosciences*, 32, 283–290.
196 Babyak, M., Blumenthal, J.A., Herman, S., Khatri, P., Doraiswamy, M., Moore, K., Craighead, E., Baldwicz, T.T.,& Krishnan, R. 2000 Exercise treatment for major depression :

Maintenance of therapeutic benefit at 10 months. *Psychosomatic Medicine*, 62, 633-638.

197 Dunn, A.L., Trivedi, M.H., Kampert, J.B., Clark, C.G., & Chambliss, H.O. 2005 Exercise treatment for depression : Efficacy and dose response. *American Journal of Preventive Medicine*, 28, 1-8.

198 村上宣寛、村上千恵子『改訂 臨床心理アセスメントハンドブック』（北大路書房、二〇〇八年）。

199 ヒーリー、D.（著）林建郎、田島治（訳）『抗うつ薬の時代―うつ病治療薬の光と影―』（星和書店、二〇〇四年）。一〇九～一一〇ページ。

200 スター、D.（著）山下篤子（訳）『血液の物語』（河出書房新社、一九九九年）。

ちくま新書
802

心理学《しんりがく》で何《なに》がわかるか

二〇〇九年九月一〇日　第一刷発行
二〇二一年四月一〇日　第四刷発行

著　者　村上宣寛（むらかみ・よしひろ）

発行者　喜入冬子

発行所　株式会社　筑摩書房
東京都台東区蔵前二-五-三　郵便番号一一一-八七五五
電話番号〇三-五六八七-二六〇一（代表）

装幀者　間村俊一

印刷・製本　三松堂印刷　株式会社

ISBN978-4-480-06505-6 C0211

ちくま新書

339
「わかる」とはどういうことか
――認識の脳科学
山鳥重
人はどんなときに「あ、わかった」「わけがわからない」などと感じるのか。そのとき脳では何が起こっているのだろう。認識と思考の仕組みを説き明す刺激的な試み。

597
「私」はいつ生まれるか
板倉昭二
「自分」という意識はどのようにしてできるのか。心の発達と進化、両面からその起源を探り、「他者」との関係のなかで育まれ、ダイナミックに変化する「私」の姿を追う。

359
学力低下論争
市川伸一
子どもの学力が低下している⁉ この認識をめぐり激化した巨大論争を明快にときほぐし、あるべき改革への第一歩を提示する。「ゆとり」より「みのり」ある教育を！

361
統合失調症
――精神分裂病を解く
森山公夫
精神分裂病の見方が大きく変わり名称も変わった。発病に至る経緯を解明し、心・身体・社会という統合的視点から、「治らない病」という既存の概念を解体する。

609
自閉症
――これまでの見解に異議あり！
村瀬学
いつもと違う「順序」や「配列」を強要される時、人は誰でも少しパニックになる。自閉症にも、このメカニズムが働いている。彼らと我々は同じ地平にいることを解説する。

690
うつ病
――まだ語られていない真実
岩波明
うつ病を「心のかぜ」などというのは、本当の臨床を知らない人のたわごとである。本書では、これまで信じられてきた通説に異を唱え、真実の姿を克明に記載する。

757
サブリミナル・インパクト
――情動と潜在認知の現代
下條信輔
巷にあふれる過剰な刺激は、私たちの情動を揺さぶり潜在脳に働きかけて、選択や意思決定にまで影を落とす。心の潜在性という沃野から浮かび上がる新たな人間観とは。